Les lois physiques de l'âme

DÉTERMINISME, CAUSALITÉ
ET AUTRES HISTOIRES FAMILIALES TRÈS PRÉVISIBLES

Catalogage avant publication de Bibliothèque et Archives nationales du Québec et Bibliothèque et Archives Canada

Perreault, Jean-François, auteur
Les lois physiques de l'âme/Jean-François Perreault

ISBN : 978-2-9817746-0-6

© Les Éditions Philogique. Tous droits réservés. Ce livre ou une portion de ce livre ne peut être reproduit ou utilisé de quelconque manière sans le consentement écrit des Éditions Philogique.

Dépôt légal – 1er trimestre 2019

Les Éditions Philogique
1301, rue Paul-Dutil
Québec (Québec) Canada
G2G 2S3

www.philogique.com

JEAN-FRANÇOIS PERREAULT

Les lois physiques de l'âme

DÉTERMINISME, CAUSALITÉ
ET AUTRES HISTOIRES FAMILIALES TRÈS PRÉVISIBLES

Philogique

Les Éditions Philogique © 2019

À Michel, mon père, ma tête

À Suzanne, ma mère, mon cœur

À Doreen, ma sœur, mon âme

À Émilie, ma femme, partie de tout ce que je suis

À moi, tout entier

TABLE DES MATIÈRES

		LA TÊTE, LE CŒUR, L'ÂME	11

PARTIE 1 : *LA TÊTE – LA CAUSE – L'EXCITATION*

1-		L'HISTOIRE DE MA TÊTE	14
	I-	**Mon père**	16
2-		LES CHOIX DU PASSÉ	18
3-		LES DOUTES DU PRÉSENT	25
	II-	**Tout est dans tout**	27
4-		INFINIMENT GRAND ET INFINIMENT PETIT	28
5-		UN SIMPLE CALCUL	30
	III-	**Tout est nombre**	34
6-		UNE ADDITION INFINIE	35
7-		VARIABLES EXTERNES	37
	IV-	**Tout est d'abord connaissance de soi**	46
8-		VARIABLES INTERNES	47
9-		UNE ÉQUATION À L'ÉCHELLE HUMAINE	54
	V-	**Tout est atomes**	58

PARTIE 2 : *LE CŒUR – L'EFFET – L'ANGOISSE*

	VI-	**Ma mère**	60
10-		LE VERTIGE DE MON CŒUR	62
11-		REGARD SUR MOI-MÊME	66
	VII-	**Tout ne dépend pas de nous**	69
12-		UN PEU D'EXERCICE	71
13-		UN PEU D'ANGOISSE	76
	VIII-	**Tout n'est pas bon à savoir**	79
14-		LES CHOSES UNIVERSELLES	80
15-		LES LOIS DE LA SCIENCE	83
	IX-	**Tout arrive pour une raison**	89
16-		L'IMPRÉVISIBLE PRÉVISIBILITÉ	90
17-		LE DÉBUT ET LA FIN	96

PARTIE 3 : *L'ÂME – L'EXISTENCE – L'ÊTRE*

	X-	**Ma sœur**	100
18-		LES RÉFLEXIONS DE MON ÂME	101
19-		ET AUTRES RÉFLEXIONS SANS IMPORTANCE	108
	XI-	**Tout est Dieu**	110
20-		LES CROYANCES INFANTILES	112
21-		LA RELIGION À LAQUELLE ON CROIT	117
	XII-	**Tout est bien**	122
22-		LE BIEN ET LE MAL DES HOMMES	123
23-		CONDAMNATION DU DROIT ET DE LA JUSTICE	129
	XIII-	**Tout est Amour**	135
24-		LE DÉSIR ET LA PASSION FONDAMENTALE	136
25-		LE BONHEUR D'UN INSTANT	140
	XIV-	**Elle**	144
	XV-	**Moi**	146

LA TÊTE, LE CŒUR, L'ÂME

Pénètre dans l'âme qui dirige chacun et laisse tout autre pénétrer dans ton âme à toi – Marc Aurèle.

Ce livre que vous tenez entre vos mains est mon âme mise à nu.

Je n'ai rien caché, rien amoindri de mes pensées. Sans pudeur, je m'y suis dévoilé à qui a l'esprit curieux et questionne l'existence. J'espère d'ailleurs qu'il y en a encore quelques-uns. Que ce soit des adolescents, fleuretant avec la poésie et le mal de vivre, ou encore des adultes dont le quotidien fait trop souvent oublier toute perspective.

Celui qui lira ce livre découvrira les réflexions et les soubresauts de ma tête, de mon cœur et de mon âme. Il plongera son regard dans les reflets de mes pensées, celles qui me guident depuis l'adolescence et ont fait de moi l'adulte que je suis. Philosophie certes, car ce livre n'a rien d'un roman léger, même s'il raconte une histoire que j'espère la plus conviviale possible.

En mon âme, je vous laisse donc prendre place et juger ce qui vous semblera devoir l'être. Même si l'on y résiste souvent, je suis d'ailleurs persuadé que cette intimité est un partage fructueux. Cher lecteur, merci de me faire une place en vous. Ainsi, que nous nous connaissions ou non, nos âmes seront momentanément liées le temps d'une lecture.

Mais qu'est-ce que l'âme au juste? Elle est l'objet de ce livre, mais n'en pensez rien trop vite, ce n'est peut-être pas ce que vous croyez. Ce qu'on peut d'emblée en dire, c'est que depuis des temps éloignés, philosophes, scientifiques et religieux l'ont définie comme étant le fondement de l'identité, comme étant les dispositions intellectuelles et affectives formant le siège de la conscience. L'âme serait, dit-on, la symbiose de la raison et des émotions. Elle serait l'addition de la tête et du cœur, et cette union serait nécessaire à son existence.

Mais l'âme est une énigme et en donner une définition nous fait prendre le mauvais chemin.

***

Ce livre est né d'une séparation, une séparation que je vécus plus forte que tout et de laquelle naquit, je crois, une grande lucidité. Enfant, adolescent, puis jeune adulte, je cherchai à comprendre les vertiges de ma tête et de mon cœur en m'enivrant de science, de religion et de philosophie. Sur les traces notamment d'Aristote, Marc Aurèle, Spinoza, Leibniz, Schopenhauer et Laplace, je découvris une histoire qui à la fois nous sépare et nous unit. Une histoire qui est l'évocation des causes et des conséquences qui gouvernent tout. Ce livre, c'est le partage d'une vérité que peu de gens soupçonnent, même si tout y est pourtant lié.

Laissez-moi vous raconter…

PARTIE 1

LA TÊTE, LA CAUSE, L'EXCITATION

-1-
L'HISTOIRE DE MA TÊTE

On peut envisager l'histoire de l'espèce humaine en gros comme la réalisation d'un plan caché de la nature – Emmanuel Kant.

Mon cœur bat depuis longtemps pour un monde qui n'est peut-être pas le sien.

J'ai toujours été un grand rêveur, facilement ému, aisément désorienté. Je me suis toujours imaginé que la vie était celle de mon enfance, avec ses mystères sans réponses, ses magies diverses et ses incompréhensions. Je me suis raconté nombre d'histoires : romance, ésotérisme, divagation plus ou moins raisonnable. Des envolées amoureuses initiées d'un simple sourire. Des sens qui vont bien au-delà de ceux qui nous gouvernent.

À celui qui lit ce livre et qui veut m'écouter l'instant d'une toute petite pause dans sa vie, j'ai quelque chose à dire. J'aimerais raconter une histoire toute simple, mais dont l'essentiel échappe bien souvent même aux esprits les plus éclairés. Une histoire qui raconte le monde autrement. Une histoire qui fait battre les cœurs différemment.

J'ai hésité avant d'écrire tout ceci. Pour certains, ce ne sera qu'un livre, une histoire vite lue et oubliée, mais d'autres perdront peut-être l'équilibre comme je l'ai perdu aussi. À ceux qui perdront pied, j'en suis désolé, mais pour être honnête, mon souhait est de partager mon déséquilibre au plus grand nombre. En référence à l'allégorie du plus célèbre des philosophes, disons simplement que je me sens seul hors de cette caverne qui nous cache tout.

Mon histoire, c'est celle que nous partageons tous. C'est celle d'un paquet de choses que nous pensons connaître, mais il n'en est rien. Elle démystifie l'âme et après, plus rien n'est pareil à ce qui a été. Une fois qu'on nous la raconte, de sorte que nous puissions véritablement la comprendre, tout devient soudain différent. Tandis que les histoires alimentent habituellement les rêves, celle-ci au contraire les fait disparaître.

À celui qui lit ce livre, l'avertissement de cette lecture un peu particulière aura été fait. Alors, voici cette histoire un peu personnelle, mais qui me transcende, et qui pour moi est encore la plus grande de toutes.

I – MON PÈRE

La plus belle chose que nous puissions éprouver, c'est le mystère des choses – Albert Einstein.

Parmi tous les hommes, il en est un que je connais mieux que quiconque, même si à la lecture de ces lignes il prétendrait certainement le contraire. Cet homme, de petite taille, aux yeux bleus profonds et au tempérament nerveux, s'est toujours intéressé à mille et une choses à la fois. Lorsque j'étais jeune, je me rappelle de lui comme un grand amateur de sciences, et tout particulièrement de sciences occultes.

Cet homme, c'est mon père, et il est certainement la première pierre de toute ma construction.

À 11 ou 12 ans, il m'avait entretenu très sérieusement d'un livre qu'il avait en sa possession : le livre d'Albert le Grand. Ce livre en était un de « recettes » se trouvant à mi-chemin entre la science et la magie. Je me souviens y avoir lu la « recette divine » des mulots. En fait, cette recette plus alchimiste que culinaire était à ma souvenance fort simple : une boîte de carton, de la paille au fond et un peu de maïs. Quelques jours plus tard, comme par enchantement, les mulots y faisaient leur apparition! Cet Albert remplaçait aussi aisément l'homme à Dieu comme à la science. C'était simpliste et ridicule, mais j'avais néanmoins, là, matière à mes premières réflexions scientifiques.

Toute ma jeunesse, mon père me parla de la grandeur de la nature et de ses mystères : des animaux, des plantes, des roches, des planètes, des étoiles, des atomes et de toutes ces choses que j'avais peine à comprendre. Compte tenu de la difficulté de la matière, je compris d'ailleurs quelques années plus tard que souvent, il ne comprenait lui-même pas très bien ce dont il m'entretenait.

Quoi qu'il en soit, toute ma jeunesse fut imprégnée de cette philosophie si particulière. Véritable collage de savoirs et de croyances, il me citait, selon les circonstances, des philosophies empruntées d'Anaxagore, Démocrite, Pythagore, Platon et bien d'autres.

Le savait-il seulement?

-2-
LES CHOIX DU PASSÉ

Toute connaissance est souvenance – Thomas Hobbes.

Les histoires, on les raconte parce qu'on les a d'abord entendues. Et d'autres qui nous ont entendus les racontent à leur tour. Mais cette histoire est différente. Elle ne s'écrit qu'à travers soi-même. En ce qui me concerne, beaucoup de choses m'y ont amené, mais c'est une construction plus qu'un récit. Cette histoire, elle s'est écrite en moi ligne par ligne jusqu'à ce que chacune des parties s'attache aux précédentes. Ce n'est qu'une fois complétée qu'elle le devint réellement.

***

Pendant que mon cœur d'adulte à peine sorti de l'adolescence battait pour une flamme ou pour une autre, qu'il pleurait parfois les injustices du monde et qu'il se mettait tout à l'envers, ma tête, elle, essayait de coller ensemble tout ce dont elle avait été instruite depuis mes premières années de collège.

J'avais retenu de mes cours de psychologie que l'être humain est une construction dont les premières pierres sont l'enfance. J'avais retenu de mes cours de philosophie que l'esprit des hommes est parfois captif de chaînes dont ils font eux-mêmes la défense. J'avais retenu de mes cours de religion que l'homme est en quête de signes et de sens. Et j'avais retenu de mes cours de sciences que l'homme et la matière sont une seule et même chose.

L'une sans l'autre, ces connaissances sont peu de choses, mais mises en commun, j'avais compris qu'elles sont bien plus qu'elles n'y paraissent.

Au sortir de l'université, j'avais acquis passablement de belles connaissances, mais j'en avais réellement comprises assez peu. Je sentais qu'il me manquait quelque chose. Quelque chose permettant de lier ces connaissances les unes par rapport aux autres. Quelque chose permettant de les lier à moi surtout. Quelque chose qui ne s'étudie pas, qui se trouve dans la tête, mais pas dans les livres. Une théorie unifiée, permettant ce lien depuis longtemps perdu entre ma tête et mon cœur, qui allait, pensais-je, me redonner en quelque sorte mon âme un peu perdue.

Sachant que l'homme était fait de pierres, de chaînes, de matière et de sens, qu'en était-il pour moi? Quelles étaient mes pierres et mes chaînes? Quelle était donc cette matière qui forme mon corps? Et quel sens pouvait-il y avoir à tout cela?

En somme : « Qui étais-je, moi? »

Au-delà des livres universitaires, je vagabondais beaucoup à d'autres lectures. En fait, je lisais un peu tout ce qui me tombait sous la main : philosophie, physique, religion, anatomie, psychologie, ésotérisme (les choix dans la bibliothèque de mon père étaient nombreux) et même botanique (tiré de la bibliothèque de ma mère cette fois). Rien ne me satisfaisait pleinement comme un tout. Des théories, des concepts épars, des hypothèses aux variables trop définies pour créer des ponts entre les différentes matières.

Petit à petit, je compris que la solution à la synthèse que je m'efforçais de faire ne se trouvait pas dans les livres, mais dans ma tête. À peine entré dans le monde adulte, je délaissai donc les livres pour un temps et me mis à chercher en moi ce qui s'y trouvait plus sûrement.

Dans mes expériences passées, je trouvais les réponses au présent. Construite de tous mes souvenirs d'enfance, mon histoire familiale devenait la clé d'une porte autrefois close. En quelque sorte, la réminiscence de mes souvenirs même les plus ordinaires me permettait la résolution de mon énigme personnelle. Je comprenais tranquillement, mais plus sûrement que jamais, la personne que j'étais. J'étais construit de souvenirs aussi banals qu'une partie de pichenottes au sous-sol en famille, de cabanes de coussins au salon avec ma petite sœur ou d'innombrables feux au chalet, prétexte idéal pour manger des chips et du chocolat. D'un souvenir en rappelant un autre, je me souvins aussi de tous ces échanges de collants, d'effaces et de macarons que je gardais jalousement ou encore des nombreuses parties de baseball, de soccer et de billes devant la maison avec mes amis d'enfance : Jean-Nicholas, Mathieu, Éric, Simon et d'autres que j'oublie. Puis, coïncidant avec le début de mon adolescence, je me souvins de mes premières chansons à la guitare : *Bad day, bad time, I must paaayyy for my mind…* Des partys en plein air au Parc des Chutes-de-la-Chaudière avec Jérôme, Martin, Pierre-Olivier, Jonathan, et surtout des premières filles pour lesquelles j'avais chanté ces chansons à tue-tête! Je réalisais pleinement à quel point ces moments avaient fait de moi qui je suis. Les bons comme ceux qui l'étaient moins d'ailleurs.

Même si la mémoire fait défaut et que plusieurs souvenirs nous échappent, aidé de quelques albums photos précieusement gardés par ma mère, je tentais de revoir en moi les événements là où mon cœur avait particulièrement bondi de bonheur ou de peine. Je m'attardais à chacune des choses dont je pouvais me rappeler au moins quelques fragments. Je les regardais pour ce qu'elles avaient représenté dans la construction de ma vie.

L'exercice aurait d'abord pu sembler futile, mais une trame de fond se dessinait tranquillement. Rapidement, j'en arrivais à mieux comprendre qui j'étais et donc pourquoi j'en étais là. Pourquoi j'avais passé tout mon temps ici à faire les choses telles que je les avais faites. Comme un architecte révisant le plan qu'il a fait d'un édifice, je tentais de compter chacune des principales pierres de mon existence et de mieux voir quelle place elle y tenait. C'est donc ce que je fis et ce qui me permit, petit à petit, de voir apparaître le dessin de ma construction.

Ce fut le premier chapitre de cette histoire. Initiateur de tout le reste.

Mais j'en restai d'abord là.

Un certain temps.

Trop occupé à voir l'ensemble, je n'avais pas encore réalisé de quoi étaient faites ces pierres élémentaires.

***

Au secondaire, dans un cours de chimie, j'avais appris les éléments du tableau périodique. C'était un apprentissage obligé et je compris seulement bien plus tard tout ce qu'il représentait.

Le tableau périodique, appelé table de Mendeleïev, du nom du chimiste russe qui fut à son origine, classifie rigoureusement tous les éléments chimiques connus en fonction de leur configuration électronique. Il est la représentation actuelle de toute la matière existante si on la décompose. On y retrouve 118 éléments, partant de l'hydrogène jusqu'au lawrencium. Tout ce qui existe dans l'univers est constitué de ces particules élémentaires. Un être humain. Une chaise. Une goutte d'eau. Et même tout ce dont nous ne connaissons encore rien. Certains éléments de ce tableau sont hypothétiques, car nous n'en aurions encore jamais « vu » et seuls de savants calculs nous les enseignent. Néanmoins, il s'agit invariablement là des constituants fondamentaux de l'univers.

Au secondaire, j'eus aussi un cours de physique. J'y fis des calculs ainsi que quelques expériences isolées permettant de mesurer les forces dans la nature. C'est toutefois la lecture beaucoup plus tard de traités sur le sujet qui me permit de comprendre de quoi il s'agissait réellement.

La physique est la science qui traite des constituants fondamentaux de l'univers, des forces qu'ils exercent les uns sur les autres et du résultat produit par ces forces. La science physique correspond à l'étude du monde qui nous entoure sous toutes ses formes.

La chimie et la physique ont comme point commun ces 118 éléments fondamentaux. La chimie étudie ces éléments et la physique, les forces qui les gouvernent. Outre ces 118 éléments, il n'y a rien. Ils sont tout ce que nous sommes et tout ce qui nous entoure.

***

Fidèle à cette image, je cherchai d'abord les briques élémentaires de mon être, puis vint un moment où les lois, les forces en jeu, devinrent une évidence.

Je réalisais que j'avais fait beaucoup de choses, que j'avais additionné quelques belles réussites à mon actif, mais aussi que ma tête en avait souhaité davantage et mon cœur en avait désiré bien plus encore. Toutes ces choses, agissant comme autant de forces fondamentales, m'avaient certainement défini, déterminé. C'étaient bien les parties de pichenottes et de baseball qui avaient fait de moi la personne que je suis aujourd'hui.

Je regardai longuement les briques de mon passé et je questionnai leur raison d'être. Certaines de ces choses auraient-elles pu être autrement si elles avaient été précédées par d'autres? Aurais-je pu être différent dans ce cas? Par exemple, mon édifice personnel de jeune homme de dix ans, puis de vingt et de trente ans aurait-il pu être différent si j'avais troqué dès mon jeune âge le baseball contre le hockey?

Je réfléchis longuement à cela. Toutes ces choses dites, toutes ces choses vécues; si elles avaient été autrement, c'est toute ma vie qui aurait pu être complètement différente. J'avais peine à imaginer tous les possibles et j'avais plaisir à penser que changer quelques pièces maîtresses aurait pu modifier tout le reste de ma vie. Par exemple, mon père, ma mère et ma sœur, eux qui furent présents depuis les premiers instants. Sans eux, qui aurait-il eu de semblable?

Que de choses m'avaient défini! Que de choix j'avais faits! L'importance de chaque décision que j'avais prise devenait soudain immense. Le choix de cette université, le choix de ce travail, le choix de cette fille, le choix de chaque chose en fait, chaque pensée, chaque parole et chaque geste. J'avais fait tous ces choix, mais également toutes ces choses, et c'était cela qui m'avait construit. Depuis mon enfance, il m'avait fallu choisir quoi dire et quoi faire à tout moment. Il m'avait fallu prendre des milliers de décisions, comme j'en prends des centaines chaque jour. De tous ces choix, certains m'avaient néanmoins semblé meilleurs que d'autres. Il m'apparaissait évident que j'avais parfois fait fausse route.

Et si j'avais réussi là où j'avais connu des échecs? Que se serait-il passé si rien n'avait été tout à fait pareil? Aurais-je seulement été là à débuter cette histoire? À tenter d'emporter avec moi tous ceux qui y prêteraient l'oreille?

Ma réflexion revint à me poser sans cesse ces mêmes questions :

Aurais-je pu choisir autrement, vivre autrement? Tout aurait-il pu être différent? Et si oui, différent à quel point?

Séduire cette fille? Quitter cette autre? Oser cette parole? Lever mon verre? Quitter la solitude qui est parfois une douloureuse compagne ou la préférer à une compagnie d'infortune? Et que se serait-il passé si je n'avais pas embrassé Émilie ou si j'avais préféré les lèvres d'une autre?

Pouvons-nous choisir autrement? Être à la fois l'existentialiste et l'humaniste de Sartre? L'être pensant, le *Cogito ergo sum*, de Descartes? Je songeai à cette loi de l'attraction dont tant de livres et de gens se font les apôtres. Le mantra de l'Occident, des gens forts, des gens persuadés de pouvoir tout changer. Notre volonté a-t-elle cette puissance? Devrais-je moi aussi m'y exercer, me demandais-je? Construire mon futur tel que je le souhaite?

À partir de cette prise de conscience concernant l'influence de toutes ces choses et surtout de tous les choix à venir, étais-je capable de faire de ma vie celle d'une toute autre personne? Faire de ma vie celle dont j'avais pu rêver?

Répondre par l'affirmative, c'était s'ouvrir à tous les possibles. Dire oui, c'était sentir toute l'importance de mes propres choix. Dire oui, c'était aussi prendre conscience de toute l'importance que revêt le moment présent.

Alors, oui, après tous ces souvenirs passés, de l'enfance à l'âge adulte naissant, je voulus dire oui. Oui à cette vie qui m'était apparue pleine de promesses. Oui à tout ce qu'elle avait à offrir. OUI! À m'époumoner et prêt à changer de vie au gré de mes volontés.

-3-
LES DOUTES DU PRÉSENT

Nous croyons conduire le destin, mais c'est toujours lui qui nous mène – Denis Diderot.

Je voulus donc dire oui, mais un doute de plus en plus fort se manifestait en moi.

En m'arrêtant sur les choix que j'avais faits, il me sembla que ceux-ci avaient été constamment provoqués par d'autres les ayant précédés. Même lorsque je les avais voulus différents, mon observation attentive m'amenait néanmoins à conclure qu'au moment où ils avaient été faits, tout m'y avait conduit et qu'un autre choix dans les mêmes conditions aurait été impossible. Souhaitable parfois, mais néanmoins irréalisable. Chaque souvenir passé me semblait lié à d'autres précédents. Mes choix, même lorsque parfois discutables, me semblaient avoir été provoqués ainsi.

Je doutais de plus en plus.

Mon cœur appelait à l'existentialisme de Sartre et de Descartes, mais était-il possible qu'ils se soient trompés? Autrefois éprise de liberté, ma tête retenait désormais ses élans. Mes choix, ceux de mon enfance à aujourd'hui, l'avaient-ils véritablement été ou s'agissait-il plutôt de l'illusion de choix? Avais-je choisi entre le baseball ou le hockey ou cela s'était-il imposé à moi en premier lieu, sans même que je n'en prenne conscience?

Bien sûr, malgré ces doutes, désirant qu'ils aient été les miens, je m'accrochai longuement à ces choix fragiles. Ma tête devint toutefois, petit à petit, convaincue du contraire et finit même par en faire une obsession. Elle me martela bientôt que je ne menais rien de ma vie.

Pourtant, se croire maître de sa destinée est profondément enraciné dans les êtres que nous sommes et croire toute autre chose ne se fait pas sans difficulté. C'était donc avec peine que je l'entendais me raconter ce qu'elle avait l'impression d'avoir toujours su.

La vie n'est pas celle que tu crois, me disait-elle.

Le chapitre suivant de mon histoire me fit découvrir le pourquoi des doutes de mon cœur et les raisons des certitudes de ma tête.

II – TOUT EST DANS TOUT

Tout est dans tout – Anaxagore.

« Tout est dans tout », me disait mon père.

« Ah bon? et qu'est-ce que ça veut dire? »

« Bien, que *tout est dans tout*! »

« Mais encore…? »

« Que chaque chose qui existe fait partie d'un grand tout et que dans chaque partie du grand tout, bien, il y a aussi le grand tout. »

***

C'est Anaxagore qui le premier développa cette philosophie. À l'époque de la Grèce antique, bien avant Socrate, les philosophes cherchaient à identifier la ou les substances à l'origine de tout. Thalès prétendait qu'il s'agissait de l'eau. Empédocle croyait plutôt qu'il s'agissait de quatre éléments, soit la terre, l'eau, l'air et le feu. Anaxagore, lui, ne pouvait admettre l'idée qu'une substance première comme l'eau ou le feu pût se transformer, par exemple, en terre ou en air. Il admit donc le principe que tout est dans tout, dans le sens où une chose, peu importe laquelle, contient en elle toutes les autres.

En ce sens, la boue contient aussi de l'or et l'or du lait, et c'est ce que j'ai cru à la lettre étant plus jeune.

Cette pensée, bien que partiellement fausse, m'a néanmoins accompagné dans mon apprentissage du monde pendant des années.

-4-
INFINIMENT GRAND ET INFINIMENT PETIT

Chaque âme représente exactement l'univers tout entier
– Gottfried Wilhelm Leibniz.

Je trouve l'univers dans son ensemble extrêmement fascinant.

Quand je regarde les étoiles, je ne peux m'empêcher de penser à quel point l'univers est démesuré et mystérieux. J'essaie de comprendre comment tout cet infini est possible, et impossible autrement.

L'infiniment grand comme l'infiniment petit existent selon un ordre que je n'ose même imaginer. Un ordre universel ou plutôt, devrais-je dire, un chaos organisé. Que ce soit le résultat du big-bang ou du créationnisme, peu importe à ce point.

L'univers croît, l'univers bouge, l'univers change. L'univers se développe et toutes ses composantes avec lui. En fait, en y réfléchissant bien, il serait plus juste de dire que ce sont ses composantes qui le font changer et non l'inverse. C'est chaque petite chose qui, s'additionnant aux innombrables autres petites choses, fait prendre une tangente à l'univers et compose son équation. Une étoile qui explose peut faire changer la configuration du ciel et dès lors, plus rien ne sera pareil à ce qu'il aurait été autrement.

Partie de l'univers, il y a aussi l'humanité. Nous sommes aujourd'hui un peu plus de 7 milliards d'âmes humaines, fragiles mais effervescentes. Nous sommes bien peu de choses dans l'immensité, mais ce que nous sommes s'additionne aux autres choses qui, ensemble, transforment complètement l'équation.

En quelque sorte, l'humanité est une équation composée de la somme des individualités. Nous la faisons personnellement varier, de manière aussi infime soit-il. Et ainsi, il en va de tout le monde. Par les pensées, les paroles, les actions que nous posons, par le simple fait d'exister, nous la faisons changer. Il va de soi que tous, individuellement, nous avons une certaine influence sur quelqu'un ou sur quelque chose, que ce soit même la vie d'une plante ou d'un animal que nous mangeons. Conséquemment, nous faisons changer l'équation.

Chaque individu que nous croisons fait également modifier notre propre équation en même temps que celle de l'humanité et de l'univers. Chaque chose autour de nous fait continuellement changer notre équation. Et lorsque l'équation change, c'est donc notre façon de dire, de faire, de sentir, de goûter, de voir, d'entendre et de percevoir qui change.

Quand on y pense bien, tout est dans tout, et c'est toute la complexité du monde qui change à chaque instant.

-5-
UN SIMPLE CALCUL

Rendez les choses aussi simples que possible, mais pas plus simples – Albert Einstein.

La complexité de certaines choses est parfois hors de l'entendement. Nous réussissons toutefois sans cesse à repousser les limites dans notre compréhension du monde. Dans une escalade fulgurante, des choses de plus en plus complexes nous sont maintenant connues. À tout le moins, elles le sont des esprits les plus aiguisés dans les différents domaines de la connaissance. Pensons notamment à la physique classique qui est devenue quantique et particulaire.

Certaines autres choses sont toutes simples. Pourtant, elles continuent de nous échapper. Tout ne s'apprend assurément pas dans les livres et la connaissance même des choses n'est bien souvent pas suffisante.

***

Une idée forte se construisait donc en moi. Elle apparaissait simpliste, mais différente de toute autre avant elle.

Je tentai d'en parler aux gens de mon entourage. Ce fut maladroit et je doute avoir pu convaincre ne serait-ce qu'une seule personne de sa pertinence. Timide, incertain, j'en parlai ensuite à quelques amis amateurs de philosophie. J'échafaudai quelques démonstrations lors de moments plus ou moins propices. Personne ne contre-argumenta, mais personne non plus n'eut de réaction violente, ni positive ni négative. Je sentais que se butant à son apparente simplicité, peu y voyait tout ce qu'elle faisait ainsi imploser de nos croyances et de nos identités.

Variant les intonations, j'avais beau répéter avec insistance à qui voulait l'entendre que nous ne menions rien de notre vie, que nos choix étaient illusoires, rien ne se passait réellement. On me regardait encore et toujours comme un adolescent pris d'une nouvelle lubie qui lui passera sous peu.

Mais comment pouvait-il en être autrement?

Cette idée rationnelle s'exposait assez aisément, mais seule, la tête n'y comprend rien. Il n'y a que le cœur qui puisse en saisir véritablement toute la portée. Pourtant, il n'y a pas de cœurs qui, habituellement, la trouvent ou la voient. Il n'y a pas non plus de têtes qui s'y arrêtent longuement. En ce qui me concerne, je m'y attardai plus que d'ordinaire et je voulus obstinément convaincre mon cœur et tous ceux de mon entourage de tout ce qu'ils pouvaient y trouver.

À ceux qui me demandèrent d'exposer un peu plus mes prétentions, une image me vint en tête : une calculatrice. Après tout, les chiffres ne sont-ils pas un langage universel et du moins, le langage de la science physique? Ce sont les chiffres qui nous permettent d'exposer les lois de l'univers. Et ma prétention encore aujourd'hui est un peu celle de pouvoir rapprocher l'âme de sa matérialité.

De là le titre de ce livre : *Les lois physiques de l'âme*.

J'utilisai donc l'image de la calculatrice pour parler un peu plus aisément de mes idées. Une calculatrice est un ordinateur simpliste, rudimentaire même, mais dont le fonctionnement me servait assez bien dans mes explications embryonnaires. La fonction première de la calculatrice est l'addition. On additionne les chiffres un à un. Le total équivaut à la somme de l'ensemble des données.

Ce que je suis, et ce que nous sommes tous, peut être représenté par cette image. J'additionne, par exemple, les données de tout ce qui est présent autour de moi à celles qui sont déjà présentes en moi. Le total est ma réponse, et ma réponse est chaque seconde de ma vie.

Que se passe-t-il alors lorsque j'ai une équation à résoudre? J'additionne les données disponibles et donne ma réponse telle cette calculatrice. Si j'ai, par exemple, 2 + 6 + 1, ma réponse sera _9_. Si l'on me pose la même équation un peu plus tard, ma réponse sera peut-être différente, car j'ai maintenant en mémoire mes équations passées dont la dernière. Cela donnera peut-être : 2 + 6 + 1 = 9 + _9_ = 18.

Bien sûr, ce ne sont que des chiffres dont je donnais et donne encore ici l'exemple, mais en fait, ce que j'ai à additionner, ce sont davantage toutes ces choses infiniment complexes que me révèlent mes sens. Toutefois, cela ne change rien au principe cognitif évoqué plus haut. Et c'est précisément ce qu'il y a d'abord à comprendre. Tout se passe toujours ainsi : chaque chose s'additionne aux autres qui l'ont précédée.

Prenons l'endroit exact où je me trouve en écrivant ceci. Je suis assis ici, sur cette chaise, à cette table, à écrire l'histoire de mon plus grand émerveillement. Pourtant, il me serait possible d'être ailleurs, à faire autre chose. Et qui me dit ce que je ferai l'instant d'après?

Je ne sais pas encore ce que je ferai, mais je sais ce qui le déterminera. Cela dépendra de mon niveau de fatigue, de l'heure qu'il est, de ma concentration, du confort de l'endroit où je suis, des autres choses qui s'offrent à moi et ainsi de suite. C'est le cumul de tout cela qui formera l'équation de mon action à venir. Et cette réponse dépendra, bien sûr, de l'importance accordée à chacune de ces choses, ce qui peut être quantifié après tout. Et bien que nous ne le fassions jamais d'une façon pleinement consciente, nous le faisons néanmoins.

Si je suis fatigué présentement, cela affectera donc négativement mon envie de poursuivre cette histoire que je veux partager. J'y donnerai la valeur négative de moins un (-1) par exemple. Je ferai ainsi pour tout le reste : l'heure tardive qui a une valeur relative plus grande que ma fatigue en ce moment (-2), ma concentration (+3), mon envie de partager cela au-delà de toute autre chose (+5), etc. Il y a aussi, justement, ces autres choses que je pourrais faire en ce moment même, comme manger (-3) par exemple.

Supposons maintenant qu'une somme supérieure ou égale à zéro me fasse poursuivre cette histoire et que l'inverse me la fasse arrêter; à moins qu'un autre élément relatif à ma mémoire ne fasse pencher la balance autrement, ma réponse sera donc mathématiquement celle-ci :
$(-1) + (-2) + (+3) + (+5) + (-3) = 2$.

Le résultat étant positif, je poursuis.

III – TOUT EST NOMBRE

Toute chose est nombre – Pythagore.

« Choisis les sciences pures. La physique, la chimie et surtout les mathématiques. C'est ce qu'il y a de plus important les mathématiques. »

À la fin de mon secondaire, puis ensuite au cégep, mon père me disait cela avec conviction, et ce, malgré le fait que je lui exprimais mon envie grandissante de délaisser justement les cours de mathématiques. J'étais bon à l'école, sauf curieusement en cette matière où je ne trouvais franchement aucun intérêt.

« Tu te rappelles le nombre Pi?... »

« Tu te rappelles le théorème de Thalès?... »

« Et te rappelles-tu de Pythagore? », me disait-il...

***

Pythagore. La tradition veut que ce soit lui, philosophe présocratique, qui soit à l'origine du mot philosophie. Il était avant tout mathématicien, mais aussi physicien, musicologue (une gamme porte d'ailleurs son nom), chef d'école et... maître de secte. Sa principale philosophie : tout est nombre.

Cette thèse aux implications infinies libérait littéralement l'être de sa matérialité. Pythagore eut l'intuition que toute chose, dont notamment les sons et les images, pouvait être traduite en nombres.

La théorie de l'information et la technologie qui en découle apportent aujourd'hui la preuve de son génie.

-6-
UNE ADDITION INFINIE

Toutes choses s'enchaînent entre elles. Leur connexion est sacrée et aucune n'est étrangère aux autres – Marc Aurèle.

À mon sens, la vie est grandiose, car elle est infinie. À l'image des nombres, ce qu'il y a d'infini en elle, ce sont ses variables. Continuellement en addition, ses variables se cumulent les unes aux autres. À chaque instant, une couleur, une odeur ou un bruit s'ajoutent ici et là.

La vie est justement cette addition de chaque seconde qui la compose. Chaque moment est construit d'une multitude de choses et ce sont précisément ces choses qui font exister chaque instant. Tout comme le corps est l'addition de chacune de ses cellules, tout ce qui existe est l'addition de tout ce qui l'édifie. Rien n'existe en soi, seule la somme des parties crée le tout. Et cette somme croît de manière infinie. Dans la vie, chaque moment s'additionne à ceux déjà passés, et même si l'on peut croire à prime abord qu'il s'agit là de possibilités parmi lesquelles nous faisons des choix, il n'en est rien.

Sans même que nous le sachions, chaque chose foisonne, nous transforme et nous définit à chaque instant, à chaque battement de cœur ou hochement de tête. Pour chacun de nous, il s'additionne continuellement une nouvelle saveur, une nouvelle parole, une nouvelle image. Le moment présent s'additionne immédiatement après le moment passé et devient à son tour le moment sur lequel le reste sera construit. La personne que l'on est, notre équation personnelle, se complexifie sans cesse de la vie à la mort. Et il en va de même pour tout et pour tous. Nous faisons partie de cet infini.

***

Après avoir longuement réfléchi sur les événements de mon passé, je pensais au présent, et plus concrètement au quotidien et à ce qu'il a de plus banal et routinier. Il y a tant de petites choses qui nous influencent à chaque jour qui passe. Tant de choses qui influencent ce qui est à venir.

Ces choses, elles sont des milliers, toutes plus anodines les unes que les autres. Par exemple, aujourd'hui, ce fut pour moi l'opinion de l'animateur à la télé, ce matin, commentant la situation économique morose; l'humeur de ma femme Émilie, trop pressée et dont les cheveux faisaient montre de cet empressement; la température extérieure glaciale et mon auto qui n'en souffrait pas moins que moi; le café que je n'ai finalement pas pris compte tenu de celui pris la veille, qui m'a rendu le sommeil difficile; ce que m'ont dit mes collègues de travail de leur dernière fin de semaine où les enfants furent malades; la couleur beige originale des murs de mon bureau; le confort en devenir de mes nouvelles chaussures; la petite plante verte à ma droite, qui dégage une odeur de tourbe; la publicité tout en jaune que j'ai lue en page 12 du journal; le sourire de la jolie fille que j'ai croisée au coin de la rue ce midi et dont mes yeux ont suivi la marche quelques instants; le quasi-silence qui a régné dans mon auto une fois le son de la radio interrompu; l'habillement de la caissière au supermarché, d'une teinte que seul un daltonien peut ignorer; la saveur de ma gomme au goût persistant et artificiel…

Même minimes, ces choses revêtent une importance. Ne dit-on pas qu'un battement d'aile de papillons peut provoquer une tornade? Chaque chose dont nous pouvons nous souvenir, mais aussi celles dont nous n'avons pas eu pleinement conscience, mais dont notre corps a perçu quelque chose, celles-ci nous orientent tels de petits pôles magnétiques. Et ces choses sont si nombreuses, infinies, qu'elles nous emportent avec elles depuis toujours.

-7-
VARIABLES EXTERNES

Rien ne vient à nous que falsifié et altéré par nos sens
— Michel de Montaigne.

J'eus, et cela pour un certain temps, un intérêt marqué pour la psychologie. L'influence d'un tas de choses qui précéda cet intérêt m'amena à étudier, à l'université, les dédales psychanalytiques de l'inconscient avec une certaine curiosité. Évidemment, les théories freudiennes laissent peu de gens indifférents, mais mon intérêt initial pour Freud me fit surtout découvrir des théories bien plus fondamentales qui me fascinèrent encore davantage, notamment le béhaviorisme et la psychologie cognitive.

La racine du mot béhaviorisme vient de « behavior » qui signifie « comportement ». Le béhaviorisme est un courant majeur de la psychologie ayant été dominant pendant de nombreuses années. Ce courant permit l'entrée de la psychologie au sein des sciences. Cette approche consiste à se concentrer uniquement sur le comportement observable, de façon à caractériser comment il est déterminé par l'environnement, ce que l'on peut appeler en quelque sorte les variables externes à l'individu, et l'histoire des interactions de l'individu avec son milieu. Le béhaviorisme fait plus ou moins abstraction des mécanismes internes du cerveau. Ce qui lui importe, ce sont les réponses données par le sujet à des stimuli précis.

En somme, le béhaviorisme cherche à trouver quelles sont les conséquences de causes préalablement déterminées.

Dans le cadre de ma formation en psychologie, une étude suscita grandement mon attention. Cette étude célèbre fut celle d'Ivan Pavlov, un scientifique russe du début du siècle précédent. Cette étude portait sur la fonction gastrique du chien. Celle-ci consistait à mesurer la salive produite par des chiens dans différentes conditions, en réponse à des stimuli qui étaient en fait des aliments. Dans le cadre de ses expériences, Pavlov avait remarqué que les chiens avaient tendance à saliver avant que la nourriture leur soit présentée.

Cette observation nous semble aujourd'hui évidente, mais comprendre ce mécanisme était fondamental.

En associant différents stimuli en apparence sans lien direct avec la salivation des chiens, ce scientifique réussit à créer des conditionnements réflexes. La façon dont il s'y prit était toute simple : Pavlov agitait une cloche à chaque fois que l'on présentait de la nourriture aux chiens. Vient un moment où, sans même qu'il y eût de nourriture offerte aux bêtes, le simple fait d'agiter la cloche créa chez eux une salivation abondante similaire à celle produite lors de l'offre véritable de nourriture.

Je fus fasciné par cela, mais encore plus par ce qui suivit...

Largement influencé par les travaux de Pavlov, Burrhus F. Skinner, l'un des plus grands psychologues du XXe siècle, fut à l'origine de la notion de conditionnement opérant. Celui-ci poussa un peu plus loin la notion de conditionnement classique. Skinner distingua le conditionnement opérant du conditionnement classique en cela que ses conséquences sur l'environnement ne sont pas les mêmes et que les réponses aux stimuli ne sont pas une réaction réflexe de l'organisme, comme l'est la salivation précédemment évoquée des chiens.

Dans le conditionnement classique, un stimulus entraîne une réponse réflexe (la salivation des chiens). Dans le conditionnement opérant, on renforce plutôt une réponse, qui peut être celle précisément désirée par celui qui tente d'amener le conditionnement en question, modulable par la manipulation de plusieurs variables. Skinner distingua ainsi deux éléments de conditionnement : le renforcement et la punition, tous deux pouvant être positifs ou négatifs.

C'est un peu théorique, mais concrètement, si nous reprenons l'étude des chiens de Pavlov, un exemple de conditionnement opérant par punition pourrait être celui-ci : de manière répétée, les chiens à qui l'on offre de la nourriture sont également frappés simultanément. Que se passera-t-il après un certain temps chez ces chiens brutalisés? Sans aucun doute, la vue de la nourriture déclenchera chez eux des manifestations de peur. Sans ce conditionnement désiré, cette réaction n'aura pourtant jamais lieu. Un lien de causalité à prime abord absent existe désormais entre la nourriture et la douleur chez ces chiens.

Skinner réalisa d'ailleurs plusieurs expériences célèbres afin de prouver ses théories. Il alla même jusqu'à entraîner des pigeons pour commander des missiles guidés. Judicieusement conditionnés, les pigeons apprirent à repérer les silhouettes de navires militaires et à réagir à ces images en donnant des coups de bec déclenchant l'envoi de signaux pour la commande de missiles.

Fort de ses théories et surtout d'expériences concluantes, Skinner ouvrait ainsi la voie des théories de l'apprentissage.

Fait intéressant, les études réalisées sur le conditionnement amenèrent plus tard ce qu'on appelle aujourd'hui le façonnement continu ou intermittent. Ce phénomène prédit qu'un comportement renforcé à chaque fois apparaîtra plus rapidement, mais se perdra plus rapidement également suivant la disparition du renforcement ou de la punition. À l'inverse, un comportement renforcé de manière intermittente sera acquis moins rapidement, mais disparaîtra également moins vite. Concrètement, le chien brutalisé à chaque fois deviendra craintif plus rapidement que celui brutalisé par intermittence. Toutefois, malgré l'arrêt des coups, celui brutalisé par intermittence demeurera craintif plus longtemps.

Le conditionnement tel celui des chiens de Pavlov est d'une simplicité troublante. Un seul stimulus est proposé et la réponse attendue est singulière. Cette expérience de laboratoire est bien éloignée de ce que vit un humain à chaque jour. Les stimuli ne sont jamais isolés. Ils sont au contraire multipliés infiniment, ce qui fait que les réponses d'un individu à tout ce qui constitue son quotidien le sont aussi. Le façonnement intermittent est cependant bien présent pour nous tous. Bien que la plupart du temps involontaire, il est aisé de voir que nous sommes constamment l'objet de renforcement et de punition, sans que ces conditionnements soient faits de manière régulière. Depuis la tendre enfance, nous sommes récompensés, punis, félicités, ignorés, etc. Parfois, nous sommes même tout cela à la fois pour un seul et même comportement.

N'était-ce pas à la suite des encouragements de mon père que j'avais entrepris des cours optionnels en mathématiques, et ce, malgré mon intérêt mitigé? N'était-ce pas dû à son manque d'estime pour les sports que je les avais délaissés malgré le plaisir que j'en éprouvais à les pratiquer?

Notre quotidien suffit à lui seul à nous enseigner la validité de ces théories ayant maintes fois fait l'objet de recherches. Le conditionnement possible d'un animal, comme celui d'un homme d'ailleurs, nous révèle beaucoup sur sa nature.

Toutes les choses autour de nous n'ont-elles pas des formes, des textures, des couleurs, des odeurs, des sons, des goûts? Notre environnement est constitué et renouvelé constamment par d'innombrables choses. Tout cela, n'est-ce pas des stimuli comme le sont la vue de la nourriture ou le son d'une cloche?

Il s'agit de faire une pause dans n'importe quel paysage du quotidien. Je n'ai qu'à regarder, par exemple, là où je suis en ce moment même et tout ce qui s'y trouve. Que vois-je? Que perçoivent mes autres sens? Quelle image en ai-je? Kinesthésique, olfactive, auditive, gustative. Tout ce qui s'y trouve est la réalité figée de mon existence. Tout ce qui s'y trouve est mon existence en ce moment précis. Cette sensation au bout de mes doigts fait partie de ma réalité. Cette odeur que je ne remarque presque plus, ces bruits discrets et ce goût de salive dans ma bouche, qui rappelle la dernière chose que j'y ai portée.

Toutes ces choses sont la somme de données qui sont autant de stimuli constituant l'équation de l'instant présent. En ce moment, par exemple, l'air que je respire a cette odeur, cette température, ce taux d'humidité. Tout cela a un impact, même infime sur moi. Que l'une de ces choses soit différente, même subtilement, et mon comportement, ma réponse, pourrait en être changé. L'odeur pourrait me rendre le moment agréable. La température et le taux d'humidité me rendront confortable ou non, et ce confort m'invitera peut-être à agir différemment et même à penser différemment.

Ayant en tête Pavlov et Skinner, je jonglai avec ces idées et me demandai s'il existait quelque chose autour de moi que percevaient mes sens, mais ne m'affectant d'aucune façon, qui n'agissait pas comme un stimulus, aussi infime soit-il, et qui conséquemment conditionnait un tant soit peu ma réponse à cet environnement. Y avait-il une seule couleur, une seule odeur, une seule forme n'affectant pas même infiniment la personne que je suis? Un seul degré de température?

Je ne voyais rien.

Cette image fixée dans le temps, ce tableau de la réalité, était et est encore aujourd'hui entièrement et globalement susceptible de transformer la réaction aux moments qui suivront, aux images qui les seconderont. L'image précédente conditionnera donc l'image suivante et ainsi de suite à chaque instant. C'est une évidence. Pourtant, l'esprit ne la saisit pas.

Ce qui existe est donc continuellement tributaire de ce qui a précédé. Chaque état déterminé des choses suit l'état précédent, qui l'était tout autant. Tout comme l'état suivant ne pourra s'en dissocier.

Un autre moment fort de cette histoire fut donc pour moi la compréhension que nous construisons toujours sur des fondations existantes. Constater ma détermination m'amena invariablement à remarquer celle de tous ceux qui m'entouraient et les liens tissés entre nous.

Que pouvais-je changer à tout cela?

Comme tout fait constamment partie du passé, qu'y pouvons-nous? De la minute d'avant, de la journée d'hier, du siècle dernier.

La volonté a-t-elle une emprise sur le présent? Je peux diminuer la température de là où je me trouve, mais n'ai-je pas d'abord été l'invité d'un endroit qui s'est imposé à moi au premier instant? Et si je ressens davantage la température en ce moment que je ne le faisais il y a de cela quelques minutes à peine, n'est-ce pas dû à ce que je suis en train d'écrire et, le lecteur, à ce qu'il est en train de lire?

***

Peu après mes études en psychologie, j'avais entrepris des études à la maîtrise en gestion. Faute d'emploi à l'époque, le prolongement de mes études universitaires dans ce domaine était motivé davantage par ma volonté d'intégration au marché du travail que par un réel intérêt. Malgré mes appréhensions initiales, je m'y découvris toutefois un intérêt marqué. J'y acquis beaucoup d'outils et surtout une structure de recherche qui me servit encore plus dans mes réflexions déterministes que dans mes travaux universitaires.

La gestion stratégique est une science fascinante dont l'essentiel consiste à gérer à la fois l'environnement externe et les ressources internes de l'organisation, de sorte à permettre à l'entreprise de se positionner, de se créer un avantage concurrentiel. Cela permet la rentabilité et potentiellement la croissance. Il est cependant inexact de parler de « gestion » de l'environnement externe, car cela impliquerait un contrôle significatif sur cet environnement, ce qui est bien sûr impossible. L'entreprise influence son environnement, car elle est une partie prenante de celui-ci, mais elle ne le gère pas.

L'entreprise étudie l'environnement externe afin de saisir les opportunités et prévoir ou minimiser les menaces de cet environnement légal, politique, socio-économique, environnemental et autres. Elle tente de profiter de ses forces internes, de sorte à se positionner là où l'environnement externe lui sera favorable.

Les sciences de la gestion, tout comme les autres sciences, se basent sur la recherche appliquée ou fondamentale afin d'élargir l'état des connaissances. Toute recherche débute avec l'identification d'une problématique qui est la mise en perspective de tous les liens existant entre les faits, les parties prenantes et les autres éléments d'un problème donné. Afin de pouvoir faire une analyse pertinente et valable, la première étape sera d'identifier les variables. Il faudra décomposer l'objet de la recherche et déterminer les variables pertinentes.

Le succès d'une recherche tient en grande partie à l'identification des variables. Les relations que nous désirons mettre en évidence, ou à tout le moins que nous soupçonnons découvrir, ne pourront être valides que si les variables isolées le sont suffisamment. Par exemple, afin de savoir s'il y a un lien entre le fait de manger de la luzerne et celui d'avoir une bonne santé cardiovasculaire, il faudra isoler cette variable des autres variables environnementales et individuelles. Autrement, nous ne pourrons savoir dans quelle mesure la santé cardiovasculaire est réellement influencée par la luzerne et non pas par les fraises, ou encore le fait d'être né dans la campagne beauceronne.

Les sciences de la gestion m'ont donc permis ces réflexions à prime abord sans lien avec la présente histoire. Et pourtant, elles permirent d'y poser quelques briques de plus.

Dans ma vie ou celle de tout un chacun, quelles sont ces variables externes? Elles sont essentiellement celles du milieu dans lequel nous avons grandi. Le milieu familial d'abord (ce n'est évidemment pas étranger à la division de ce livre), puis le milieu immédiat, qu'il soit amical ou professionnel (ou scolaire), ainsi que le milieu élargi : notre localité, notre région, notre pays, notre monde.

Plus concrètement pour moi, ce fut, par exemple, mon père qui m'avait appris à être fort, même lorsqu'il aurait parfois fallu m'avouer faible et inversement; mes amis qui m'avaient incité à prendre alcool et drogue jusqu'à en être malade; les écoles que j'avais fréquentées et qui m'avaient appris mes différences et celles des autres. C'est aussi, au présent, mes collègues de travail avec qui je passe parfois de très bons moments de 9 à 5 et parfois de 5 à 9; ma ville où je vis dans le total anonymat, mais aussi ma rue que je partage avec des voisins que je côtoie les vendredis soir, entourés d'enfants du même âge; ma province à la ferveur nationaliste grisonnante; mon pays où le froid s'apparente aux fêtes, et la feuille d'érable au sirop. C'était aussi plus banalement ma mère qui faisait pousser la luzerne en pot dans la cuisine; mes amis qui portaient des souliers Stan Smith à l'arche plantaire exagérée; la petite école où je gagnais des billes qui sont désormais le trésor de mes enfants. C'est aujourd'hui ma collègue de travail colorée qui vit au rythme des partys thématiques et me cite du François Pérusse; mon voisin de gauche qui conduit une rutilante corvette rouge. C'est également ma région où il y a à perte de vue des champs de fraises, mais où les fraises du supermarché proviennent du pays voisin. C'est évidemment infiniment plus que cela, mais c'est aussi cela.

Ce sont ces milieux qui font de nous ce que nous sommes au quotidien.

Évidemment, il y a des rencontres plus marquantes que d'autres, mais chacune des personnes rencontrées a sur nous un impact plus ou moins grand faisant varier notre tangente personnelle à chaque jour. Et de rencontre en rencontre, notre façon de percevoir les choses et d'interagir avec elles se transforme. Tout cela nous définit. Nous sommes conditionnés par tout et par tous. Et qui lit ce livre l'est aussi par cette histoire maintenant.

Tous ces milieux, toutes ces rencontres, toutes ces variables… Peut-on penser contrôler tout cela? Toutes ces choses, leurs additions continuelles, leurs enchaînements?

Peu de temps avant l'écriture de ce livre, j'eus une discussion avec mon père à ce sujet. « Crois-tu ne pas être toi-même le produit d'un conditionnement continuel depuis ta naissance et tes années d'enfance dans un petit rang beauceron? Tu n'as pas d'emblée choisi ce monde, ni ce pays, cette ville ou encore tes parents. Ces milieux se sont imposés à toi et, au mieux, tu as cherché à en tirer le meilleur. C'est ce que je crois et je pense que peu de gens le réalisent vraiment. »

Il m'écoutait d'une oreille distraite et ne semblait fléchir que timidement à mes hypothèses. Lorsque je me fis insistant, il me parla des choix qu'il avait faits. Il était persuadé de garder certaines sphères de décision. Il me disait avoir choisi ses amis et s'être volontairement éloigné de certains, avoir changé de milieu de travail lorsque cela ne lui convenait plus, avoir déménagé avec nous afin de se rapprocher de la ville. Il lui semblait avoir choisi de dire oui ou non quant à la majorité des choses qui s'étaient présentées à lui dans la vie.

Il était d'ailleurs persuadé de choisir de ne pas croire en mes paroles.

« Penses-tu vraiment papa? »

« Y a-t-il vraiment une partie qui te soit propre? »

« Quelque chose qui ne soit que de toi? »

IV – TOUT EST D'ABORD CONNAISSANCE DE SOI

Connais-toi toi-même – Socrate.

Mon père avait retenu au moins une phrase d'un philosophe qu'il savait me citer : « Connais-toi toi-même » de Socrate.

Plus jeune, je me rappelle l'avoir entendu à maintes reprises me citer cette maxime, sans pour autant que cela soit utilisé dans le bon contexte. Quoi qu'il en soit, cela avait au moins le mérite d'inciter mon introspection.

« Connais-toi toi-même? »

« Oui, connais-toi toi-même. C'est Socrate qui disait ça. »

***

En fait, cette maxime n'est pas véritablement de Socrate. Elle n'a pas non plus la portée qu'on lui prétend. Son origine serait celle du fronton du temple d'Apollon à Delphes, en Grèce.

On dit aujourd'hui qu'elle incitait à l'introspection, mais en fait, Socrate s'en servait bien davantage pour rappeler aux hommes qu'ils ne sont pas des dieux. Ce qui en est resté toutefois réfère à un sens plus large. Elle invite à s'observer, à se connaître soi-même en tant qu'individu.

En s'élevant au-dessus de ses sentiments et de ses opinions biaisées, l'homme sort de son ignorance et peut ainsi espérer briser ses chaînes, ou plutôt, en prendre désormais conscience.

-8-
VARIABLES INTERNES

L'homme mérite qu'il se soucie de lui-même car il porte dans son âme les germes de son devenir – Carl Gustav Jung.

On m'avait toujours dit que j'étais seul responsable de mes choix et seul responsable de ma vie. On m'avait aussi dit que j'étais unique comme tous le sont. C'est ainsi que je m'étais toujours senti : une personne à part entière dont la vie était en soi une finalité. En ce sens, je savais que cet état d'esprit n'était pas très différent de celui de la très grande majorité des occidentaux.

J'ai tout de même vite compris les limites de mes ambitions. Malgré toute la volonté et surtout la naïveté de mon adolescence pas très lointaine, je savais que tous mes rêves n'étaient pas accessibles. Il m'apparaissait déjà évident que les variables individuelles de chacun influencent grandement la destinée. Certains sont beaux, d'autres intelligents, certains sont en bonne santé et d'autres le sont moins. Certains ont beaucoup et d'autres très peu, et bien plus encore, certains ont la propension au bonheur facile, tandis que d'autres qu'on croirait plus chanceux ont la tristesse quasi permanente.

En ce qui me concerne, malgré cette compréhension de qui j'étais, un sentiment d'existence si fort m'avait amené jusque-là à croire qu'il m'était possible de faire des choix cruciaux pouvant faire varier toutes les sphères de ma vie. Comme si justement, ma vie, contrairement à toutes celles de ceux qui m'entourent, faisait à la fois partie d'un tout, mais en était également déliée, affranchie.

Il me fut donc relativement facile de me dissocier de toutes ces variables externes. Facile aussi de reconnaître cette influence constante qu'elles avaient sur mon quotidien et bien au-delà. La suite ne fut cependant pas aussi aisée. Comme toute recherche, la mienne ne pouvait se limiter aux variables externes. Mon hypothèse étant leur dépendance vis-à-vis des premières, les variables internes revêtaient une importance de premier plan. Ces variables internes, c'était moi, et ce qui suivit me bouleversa.

Ce bouleversement, ce fut Darwin qui l'initia.

Charles Darwin, le père de la théorie de l'évolution, fut sans conteste à l'origine de l'une des plus grandes théories de l'humanité. Son enseignement fut un éclairage nouveau sur les origines de l'homme et sur la perspective humaine. L'évolution nous apprend ainsi que nous sommes du domaine vivant, que nous faisons partie du règne animal, de l'embranchement des chordés, de la classe des mammifères, de l'ordre des primates et de la famille des hominidés. Nous sommes du genre *homo*. Notre espèce? Homo sapiens. Les mystères de ce que nous sommes se trouvent dans nos 23 000 gènes. Ils sont ceux que partage toute la population humaine sans exception. Nous sommes 7 milliards dont le génome est désormais connu depuis un peu plus de 10 ans. Des variantes infimes font de moi l'héritier d'une population caucasienne, canadienne-française.

Dans le code de ma biologie se trouve celui de tous mes ancêtres. Darwin l'avait déjà suggéré en 1859. Nous savons aujourd'hui que cela n'est pas une hypothèse, mais un fait. De la première cellule au premier poisson ayant marché sur la terre ferme, du premier mammifère au premier singe, tous font partie de nous. Je suis un homme, mais j'ai en moi un peu de chimpanzé et de truite arc-en-ciel. Tous sont mes ancêtres jusqu'à mes grands-parents, puis mes parents, ma mère et mon père, avant-dernier de la lignée. Je porte en moi ce bagage immense, somme d'une humanité entière et surtout de deux êtres singuliers, un homme et une femme, qui sont les deux pierres les plus marquantes et les plus fondatrices de tout l'édifice que je suis.

Que suis-je alors?

Mûr de ces réflexions darwiniennes, je compris que j'étais en quelque sorte une somme, une résultante, mais aussi une calculatrice sans fin dont la formule est mon génome. J'étais une équation évolutive. Tout mon environnement n'existait qu'à travers ce génome. Toutes ces données externes, tous ces stimuli ne pouvaient être compris qu'à travers cet algorithme unique. Au centre de ma personne se trouvait donc *l'inné*, c'est-à-dire tout ce bagage génétique qui me définit presque entièrement. Ma santé, mes capacités physiques et cognitives, mes besoins, mes envies. Des traits individuels fixes dans le temps, mais qui doivent davantage être considérés comme des potentialités. Et cet inné est l'étincelle initiale de tout ce qui suit.

L'inné ne peut toutefois résumer à lui seul l'individu. Il est en fait tout aussi important de considérer tout ce qui, autrefois extérieur, aura été intériorisé. Toutes ces variables ont un impact gigantesque faisant varier la somme de l'équation individuelle. Elles font partie de nous. Toute nouvelle donnée externe sera donc analysée aussi à partir des données précédentes.

* * *

Darwin et sa science bouleversèrent donc mon âme, mais c'est une fois de plus la psychologie, étymologiquement la science de l'âme, qui m'éloigna véritablement un peu plus tard de la mienne.

La branche dominante de la psychologie depuis la fin du XXe siècle est sans conteste la psychologie cognitive. Pour les tenants de cette approche, l'être humain peut se comparer à un système de transformation de l'information. Après avoir été présents avec la psychanalyse de Freud, puis éclipsés temporairement par le béhaviorisme de Skinner sur lequel j'ai écrit quelques lignes précédemment, la psychologie cognitive et ce qu'elle met en évidence, les processus mentaux sont aujourd'hui plus que jamais mis à l'avant-plan. Selon ce courant, l'être humain traite l'information à partir de ses différents sens, et de cette transformation mentale résulte les actions, décisions et pensées humaines. Cette théorie repose donc sur l'idée que le cerveau fonctionne en se construisant des représentations complexes du monde à partir des données qu'il recueille.

Les psychologues cognitivistes cherchent à décrire les mécanismes fondamentaux impliqués dans la cognition humaine. Cette recherche riche et relativement récente vise à dresser un catalogue des processus mentaux existants.

Est-ce vraiment possible? Le cerveau peut-il ainsi être décodé? L'unicité humaine peut-elle faire l'objet d'un cadre scientifique? Sans le moindre doute.

L'un des fondateurs de l'intelligence artificielle (IA), Marvin Minsky, avait coutume de dire que l'IA est la science permettant de faire réaliser à des machines des choses qui demanderaient de l'intelligence si elles étaient accomplies par des êtres humains. L'IA s'en va croissante et ce qui permet ses avancées est précisément la compréhension des processus mentaux que l'on réussit désormais à encoder. L'IA n'est plus le fait unique de scénarios hollywoodiens; celle-ci est dorénavant une réalité dont les réalisations et les conséquences feront bientôt partie de notre monde

Alexa, quelle est la définition d'intelligence artificielle?

En 2016, la Maison-Blanche déposait sa stratégie pour se préparer aux changements causés par les technologies utilisant l'intelligence artificielle. À cette occasion, le président Obama disait déjà ceci : « Mon successeur devra gouverner un pays transformé par l'intelligence artificielle. » Il faut savoir qu'il est désormais probable que l'intelligence artificielle rejoigne, voire dépasse l'intelligence humaine d'ici quelques dizaines d'années.

Du côté des neurosciences, grâce à l'imagerie mentale, il nous est désormais possible de savoir lorsqu'un individu réalise une tâche précise telle que parler, écouter, lire ou écrire, quelle(s) partie(s) de son cerveau est (sont) en activité. La pensée humaine ne peut donc pas être dissociée de sa biologie.

Il y a plusieurs décennies, les psychologues fonctionnalistes mettaient d'ores et déjà de l'avant l'idée que l'étude de la vie mentale passe par la mise en évidence des opérations mentales et non pas seulement des contenus et des éléments de la pensée. Ces psychologues ont avancé l'idée que les opérations mentales sont les médiateurs entre l'environnement et le comportement. Aujourd'hui, cette idée est largement acceptée par les psychologues et elle nous apparaît désormais comme évidente.

Le système cognitif est un système de traitement de l'information actif. Il manipule des symboles, les transforme en représentations mentales. L'information est traitée par une suite de processus cognitifs (encodage, stockage, récupération) mis en œuvre par des systèmes plus ou moins spécifiques. Une fois encodées, puis stockées, ces informations, des variables qui sont d'abord externes à l'individu, deviennent ses variables internes. Elles deviennent son *acquis*.

En somme, ce que nous apprend la psychologie cognitive, c'est qu'il existe bien des processus identifiables et mesurables, et qu'il en résulte un traitement de l'information déterminé construisant l'acquis d'une personne.

J'ai longtemps pensé que ma vie était le fait de ma propre construction. Sur les traces de Sartre, j'étais convaincu d'exister et d'être le seul et ultime maître de cette existence. Peu importe ce que la vie qui m'entoure a décidé de faire, peu importe ce qu'elle me propose, je suis, n'est-ce pas, le seul à décider d'agir, me disais-je? Et quand bien même la vie m'immobiliserait, mon cerveau, lui, est indépendant de tout le reste, n'est-ce pas?

Bien, non.

Ce cerveau, le siège de tout ce que j'étais et suis encore aujourd'hui, est un supercalculateur, un ordinateur dont la complexité est un exposant infini. Il est ce système de transformation de l'information dont la mécanique est faite de neurones et d'axones, et le programme, de processus mentaux dont la programmation est autonome et immensément vaste, mais à la fois déterminée et ultimement limitée.

La psychologie cognitive trahit l'homme. En voulant l'humaniser, en décortiquant ses schèmes, elle en fait une machine. Déchiffrer son code fait disparaître peu à peu ses mystères jusqu'à ce qu'il n'y en ait plus un seul.

Qui a-t-il en moi? Que sont ces variables internes?

D'abord ce qui est *inné* : ma biologie, mon ADN, mes gènes. L'*inné* est la fondation de ce que je suis. Puis, ce qui est *acquis* : des variables externes traitées par les différents processus de mon cerveau. L'*acquis* est la maison qui s'y dresse.

Pour nous tous, l'*inné* est transmis par nos parents ainsi que par tous ceux qui les ont précédés, de qui eux-mêmes ont hérité leur propre génétique. Mon propre ADN contient des mystères dont je ne connais rien. Nous n'avons rien choisi de ce qui nous a précédés et c'est pourtant ce qui détermine la personne que nous sommes dès le commencement.

Dès mes premiers instants de vie, à peine la relation sexuelle de mes parents consumée, je suis devenu un être au potentiel défini par un bagage génétique précis. Depuis ce temps, je suis un être aux capacités physiques et mentales déterminées. Il est évident que je ne pourrai « être » qu'à l'intérieur des limites de ces capacités.

Ces limites, cet *inné*, voilà quel est mon point de départ.

Mais il y a aussi tout ce qui est acquis, c'est-à-dire une somme immense de variables externes intériorisées qu'il nous est impossible de contrôler. Autrement, il faudrait avoir la main mise à la fois sur les gens, mais aussi sur les choses qui nous entourent, et bien que nous tentions parfois d'en contrôler le plus grand nombre, il reste toujours une partie infinie de notre environnement sur laquelle nous n'avons aucune emprise.

Toutes choses, additionnées les unes aux autres, influencent continuellement la personne que nous sommes. Mais encore plus, toutes ces choses qui proviennent de l'extérieur, pour être senties, perçues ou comprises, doivent être respirées, touchées, vues, décodées, comptabilisées par notre petite calculatrice interne aux capacités définies. Tout ce qui provient de l'extérieur est donc nécessairement biaisé par elle, limité par elle, toujours.

Le célèbre philosophe Emmanuel Kant critiquait ainsi notre raison. Que pouvons-nous raisonnablement connaître de la réalité lorsque tout devient subjectif pour l'individu? C'est un peu comme si nous portions nos propres lunettes de couleur, nous faisant percevoir le monde qui nous entoure avec une teinte qui nous est toute personnelle. Comment juger alors du caractère objectif de ce que nous voyons?

-9-
UNE ÉQUATION À L'ÉCHELLE HUMAINE

Le genre humain a toujours été en progrès et continuera toujours de l'être à l'avenir : ce qui ouvre une perspective à perte de vue dans le temps – Emmanuel Kant.

À un très jeune âge, je portais déjà des lunettes. Je fus en fait le premier de ma classe à souffrir de myopie. Une myopie excessivement forte, anormale pour un enfant, et qui me rendit presque aveugle. Plusieurs fois par année, je me rendais chez l'optométriste afin de réaliser les tests habituels permettant d'évaluer dans quelle mesure ma vue chutait et découvrir avec crainte l'épaisseur croissante de mes nouveaux verres. Je fus donc rapidement familier avec ces tests, notamment celui du daltonisme. Je me rappelle très bien de ces pages de points de couleur. Des chiffres étaient visibles à ceux ne souffrant pas de cette anomalie génétique. Malgré ma vue déficiente, j'y voyais clair.

Je n'étais donc pas daltonien, mais j'ai néanmoins appris relativement tôt que même en l'absence de défaut génétique, la vision des couleurs et leur distinction changent d'un individu à un autre. Cela est dû à une variabilité dans la quantité relative de cônes dont la fonction est justement la perception des couleurs.

Selon cette perspective, nous sommes donc tous daltoniens. Aucun d'entre nous ne peut être assuré de la justesse de ce que perçoivent ses sens. La réalité ne nous est pas accessible ou, à tout le moins, ne l'est toujours qu'en partie et jamais dans sa totalité. La subjectivité est le propre de l'humain. Son objectivité est limitée et seul son esprit rationnel, logique, mathématique, peut espérer y voir un peu plus clair.

Objectivement, que reste-t-il donc?

Y a-t-il d'autres variables dans notre équation? Avec d'un côté les variables externes et de l'autre les variables internes. Sont-elles les seules qui résument notre équation personnelle, ce que nous sommes, comme ce que sont tous ceux qui nous entourent?

J'ai cherché et cherche encore, mais je ne vois en définitive que ces deux petites et à la fois infinies variables comme constituantes de l'être. L'humain est une équation infinie, mais d'une simplicité qui m'est soudain apparue déconcertante.

Et comment arrive-t-on à l'équation la plus exacte possible?

En y incluant la sommation de toutes les variables qui soient.

$$P \text{ (personne)} = \sum (I, E)$$

C'est-à-dire que ce que nous sommes est l'addition de ce qui est propre à nous-mêmes (les variables internes) et de ce qui fait partie de notre environnement en continuel changement (les variables externes). Cette généralité évite ainsi tout oubli. La somme de cette équation est l'individu. À un niveau plus petit, cette même équation est aussi chaque parole qui sera dite, chaque geste qui sera posé ou chaque décision qui sera prise :

$$D \text{ (décision)} = \sum (I, E)$$

Chacune des décisions (D) est attribuable à la somme de ce qui est propre à l'individu (I) et de ce qui fait partie de son environnement (E) au moment où cette décision est prise.

Si nous nous posons la question, à savoir pourquoi nous faisons les choses d'une certaine façon, la réponse doit être que nous les faisons en étant un homme constitué d'un bagage génétique X (inné), aux expériences passées nous influençant dans un sens Y (acquis) et qu'il se présente à nous aujourd'hui la situation Z (variables externes). En somme, nous faisons les choses d'une certaine façon, car tout nous pousse invariablement au présent à les faire ainsi. Et toutes ces choses qui nous y poussent ne peuvent être librement choisies.

Cette équation de la décision, puis de l'individu, est aussi celle de la somme de tous. Elle est à la fois la nôtre, celle de toutes nos décisions, celle de chacun et celle de l'humanité entière :

$$H \text{ (humanité)} = \sum (P) = \sum (D) = \sum (I, E)$$

Je me suis mis à jouer avec cette équation et c'est ainsi que malgré mes intentions initiales, elle me fit voir bien plus que j'entrevoyais.

L'humanité était donc la somme des individus, somme de ce qui les constitue et de leur environnement. S'il en était ainsi, cela voulait donc dire que les conclusions précédentes concernant chacune de ses parties s'appliquait aussi à l'ensemble. Les variables internes et externes déterminant chaque prise de décision étaient, additionnées les unes aux autres, ce qui définissait l'humanité. Les variables internes et externes hors de notre contrôle s'additionnant continuellement, il en était donc pareillement pour l'humanité tout entière. La détermination de l'humanité n'était donc pas différente de celle de l'individu.

À chacune de ses époques, l'humanité passée, actuelle et à venir était-elle, est-elle et sera-t-elle toujours déterminée? Cette équation l'établit presque outrageusement. Et si l'époque médiévale, la Renaissance et l'Empire romain étaient l'aboutissement inévitable d'un potentiel intrinsèque et du cumul de tout ce qui a précédé? Et s'il n'en était pas autrement de la Première Guerre mondiale et de la Seconde, n'est-ce pas une perspective nouvelle que de comprendre l'humanité comme la résultante inévitable de tout ce qui a précédé et non comme une possibilité historique parmi tant d'autres?

Je compris à ce moment qu'il n'y avait rien qui soit possible autrement, car aucune autre variable n'est possible. Je compris aussi qu'à chaque instant s'additionnent de nouvelles variables, et donc que se complexifie sans cesse le monde qui est le nôtre. L'humanité est croissante, et même si l'on questionne parfois son développement, celui-ci est immuable.

Notre vie y est déterminée.

Je le compris et pourtant je le réalise encore à peine. Peut-on vraiment réaliser l'incompréhensible? Toute chose peut-elle vraiment être faite des mêmes éléments et des mêmes enchaînements?

Et vous, avez-vous compris? Si vous n'en êtes pas certain, continuez cette lecture et cela viendra. Par contre, si vous êtes d'ores et déjà persuadé de votre compréhension, il vous reste désormais à en prendre toute la mesure et à sentir son effet : une angoisse croissante pour le cœur.

V – TOUT EST ATOMES

La liaison fortuite des atomes est l'origine de tout ce qui est
— Démocrite.

Mon père me parlait de temps en temps des atomes.

Il m'apprenait qu'avec les microscopes d'aujourd'hui, on peut tout voir, jusqu'aux atomes qui constituent chaque chose.

Il trouvait lui-même fascinant que chaque chose puisse être faite des mêmes petites choses et qu'il en soit ainsi pour les hommes.

***

Les philosophes grecs, Démocrite le premier, avaient compris que les atomes qui font la matière sont infinis. Bien avant les microscopes, ils avaient eu l'intuition que tout était fait de petites particules indivisibles, en quantité inimaginable.

Plus profondément encore, cette idée renvoie au fait que l'homme est constitué des mêmes éléments que la nature tout entière.

Il a été dit que « l'atome dissout le sens du monde » : tout devient objectivable, similaire, complémentaire, dépendant, et cela, pour la première fois en quelque sorte. Mais, plus justement, nous pourrions dire que l'atome dissout non pas le sens du monde, mais celui du monde de l'homme.

Et le premier homme à perdre tout son sens, c'était moi…

PARTIE 2

LE CŒUR, L'EFFET, L'ANGOISSE

VI – MA MÈRE

Toutes les fleurs de l'avenir sont dans les semences d'aujourd'hui – Proverbe chinois.

Je connais une femme naturellement sage, modérée et sans grande histoire. Ses conseils, donnés toujours avec la plus grande réserve, m'ont toujours semblé judicieux.

Cette femme, c'est ma mère. Elle est sans aucun doute la deuxième pierre de ma construction.

À l'opposé du caractère imprévisible de mon père, elle a toujours été un exemple de planification, de prudence et de tempérance. Je me rappelle qu'étant jeune, j'étais tombé par hasard sur une petite boîte de carton contenant tous ses journaux intimes. J'ai cru comprendre qu'elle en tenait un depuis d'innombrables années, fidèle, presque de jour en jour. Le fait-elle encore? Je me le demande.

Curieux, j'avoue que je n'avais pu m'empêcher d'en ouvrir un au hasard. J'y avais trouvé quelque chose tout à son image. Les pages, comme les journées, se succédaient à peu près ainsi : « Il fait beau, 25 degrés environ, nous sommes allés au chalet, j'ai joué dans mes plantes, ce fut agréable. » Il en ressortait une constance surprenante et rassurante.

Tandis que mon père cherchait le mouvement à tout coup, elle cherchait le calme à tout prix.

À travers ses yeux, j'ai appris à cette époque à découvrir la merveille du monde dans les toutes petites choses. Toute ma jeunesse, elle me parla de la nature : des fleurs qui sont belles, des fruits qui sont bons, du soleil qui réchauffe et de la pluie qui abreuve. Je n'arrivais toutefois pas encore à bien le comprendre. Cette matière était toute simple, mais riche d'enseignement à la fois.

Je me demande aujourd'hui si elle saisit les répercussions philosophiques de tout ce dont elle m'avait entretenu à l'époque. J'en doute un peu. Quoi qu'il en soit, cela lui donna une philosophie toute particulière dont ma jeunesse fut imprégnée. Véritable collage d'expériences et d'impressions, elle me parlait, selon les circonstances, de sa façon de voir le monde des hommes et des choses.

-10-
LE VERTIGE DE MON COEUR

Les hommes se trompent quand ils se croient libres; cette opinion consiste en cela seul qu'ils sont conscients de leurs actions et ignorants des causes par lesquelles ils sont déterminés
– Baruch Spinoza.

J'étais infiniment grisé de toutes mes réflexions. Ma tête était pleine d'une jouissance intellectuelle que je n'avais pas connue avant. Une mégalomanie me soufflait une énergie hors du commun. J'y pensais en permanence, évaluant, sous-pesant, testant, confrontant mes hypothèses déterministes. J'étais devenu le plus heureux, le plus confiant et le plus naïf des philosophes amateurs. J'étais prêt à défendre ma démarche avec quiconque, sans rien y voir de plus qu'un étonnant exercice intellectuel. Tranquillement, je confirmais mes hypothèses et enracinais davantage en moi toutes ces conclusions aux répercussions hors du commun.

Avec le temps, les racines de ces pensées devinrent toutefois de plus en plus profondes. Pernicieusement, elles prirent petit à petit la place de presque tout le reste, jusqu'au jour où elles finirent par atteindre mon cœur. C'est alors que la jouissance comme la naïveté disparurent brutalement et je fus pris d'un vertige aussi fort qu'inattendu.

Que ce passait-il donc?

Même si intellectuellement j'exultais, tout le reste de moi devint confus. J'en étais dérangé, déstabilisé au plus haut point. Je me sentais pris d'un tournis immense. Je ne voyais plus de repères possibles, ni de sol, ni de ciel, ni de science, ni de cieux. Contrairement à ma tête théorisant le déterminisme, mon cœur ne voyait pas ce qui pouvait faire en sorte que l'on se réjouisse de cette *philosophie du Tout*.

Cette philosophie, je la sentais tranquillement prendre place dans ma poitrine et j'entrevoyais tout ce qu'elle avait d'effrayant. Il semblait en découler l'angoisse d'une inhumanité complète, mais surtout d'une perte totale de sens. Voir que les autres autour de moi n'avaient plus le sens que j'imaginais au départ, cela était relativement aisé, mais voir que moi-même, je n'avais plus le sens sur lequel j'avais toujours compté, c'était effrayant. Après tout, que cherche-t-on, tout un chacun, si ce n'est de trouver un sens à nos vies?

Après des années à parler encore et encore de déterminisme à qui voulait l'entendre, ce n'était que bien plus tard que j'en avais véritablement senti ses effets. Comme si j'avais discouru d'amour pendant des années sans jamais avoir été amoureux. À la différence qu'il s'agissait plutôt d'une rupture que je n'attendais pas et que cette rupture me donna le plus grand des vertiges.

Mon cœur et ma tête commencèrent à se tirailler, comme deux entités distinctes qui, par erreur, se trouvent captives d'un corps indifférent. J'avais toujours trouvé d'ailleurs les choix secs et calculateurs de ma tête insensibles aux moiteurs de mon cœur. Le monde de ce dernier n'était assurément pas celui de ma tête. Il y avait un abîme gigantesque entre le monde de mes envies et celui de mes réflexions. Lequel de ces mondes était le bon? Lequel me trompait?

Une partie de moi voulait hurler son effroi et son dégoût. Le monde ne pouvait être ainsi. C'était trop vertigineux. S'il s'agissait de la vérité, le reste était mensonge et ce mensonge était le plus grand qui soit, existant au sein même d'entre nous tous : moi, les gens que j'aime, ceux que je croise au passage, tout le monde.

Aurais-je pu choisir autrement, vivre autrement?

Persuadé que oui au départ, puis ensuite martelé du contraire par ma tête, mon cœur perdit ses convictions. Du tout premier instant de mon existence jusqu'à aujourd'hui, je n'avais rien choisi!

L'intellectuel que j'étais avait désormais trouvé ses certitudes. Tout pouvait être ramené à deux types de variables, celles externes et celles internes. Les variables externes se définissant par l'environnement, c'est-à-dire les différents milieux qui nous entourent, et les variables internes, par l'inné et l'acquis.

Puis, il y avait cette équation humaine, décisionnelle, personnelle, incluant toutes les pensées, actions, gestes et décisions à la base de ce qu'est l'individu; celle-ci dictant également l'humanité tout entière.

J'étais désormais pris d'une sensation immense, capable de terrasser même les esprits les plus dépossédés d'eux-mêmes : celle que mon contrôle sur toutes ces choses était illusoire. Ma tête le criait déjà depuis un certain temps, mais mon cœur, lui, le sentait désormais avec toute la puissance d'un million de battements : le choix ne pouvant précéder l'existence, l'inné ne pouvait être choisi. En ce qui concerne l'acquis, il ne s'agissait que d'une somme de variables externes intériorisées à partir du biais de l'inné. Enfin, les variables externes, immensément nombreuses et toujours préexistantes, étaient impossibles à contrôler. Comment pouvions-nous contrôler le passé?

L'inné, l'acquis et les milieux environnants étaient donc différentes variables interreliées, ayant toutes une influence certaine et constante les unes sur les autres. Cela se pouvait-il? Ma tête en était persuadée. Pour sa part, mon cœur cherchait désespérément à prouver le contraire.

Pendant que ma tête me disait donc que jamais nous n'avons de contrôle véritable sur notre vie, que nous n'avons jamais de véritable libre arbitre, mon cœur lui criait de se taire. Tout ce que nous sommes était-il infiniment biaisé, déterminé, jusqu'à ma propre mère? Il n'apparaissait donc pas possible que je vive une existence différente de celle que je suis amené à vivre, car ce sont en fait toutes les variables sur lesquelles je n'ai aucun contrôle qui m'ont créé, porté et défini depuis toujours.

Maintenant qu'elle avait l'impression de tout comprendre, ma tête ne voulait plus se défaire de cette philosophie. Elle tournait et retournait cette idée sans essoufflement. Elle calculait, comparait, liait tout à tout.

Mon cœur, lui, ne pouvait plus se dégager de cette philosophie qui l'étouffait. Il tournait et retournait cette idée sans apaisement, tentant de séparer, diviser, briser cet enchaînement de causes et de conséquences.

-11-
REGARD SUR MOI-MÊME

Le monde est aveugle. Rares sont ceux qui voient – Bouddha.

Je ne vis bientôt plus rien d'autre. Que des formules, des variables, des sommes, et constamment, cette équation se faisant désormais de plus en plus oppressante. Il n'y a rien qui ne m'apparaissait plus éloigné de mon cœur que tout cela et pourtant... Même si je ne pouvais me résigner à penser que mes émotions sont calculables, qu'elles ne sont pas comme tous ces chiffres, finis, cumulables, prévisibles, il y a bien quelque chose de géométrique qui prit place en moi, et cela déconstruisit le paisible chaos qui, semble-t-il, y régnait depuis toujours.

J'étais bien vivant. J'étais mouvement, action, réaction, gestes, pensées. Mais ce qui réjouissait ma tête faisait tout l'inverse à mon cœur. Ma vie restait intacte, mais le sens qu'elle a se perdait jusqu'à n'être plus rien.

J'avais encore en mémoire la réflexion initiale de Descartes, le *Cogito ergo sum*, le *Je pense, donc je suis*. Je pensais, réfléchissais, beaucoup, intensément. *J'étais*, me semblait-il donc. Mais j'avais soudain l'impression de me perdre. Je m'étais vu tel un centre. Je me voyais désormais décentré. Comment voir les choses autrement que tout autour de nous? Comment concevoir autrement la vie, sinon qu'à travers la nôtre?

Malgré que ma tête ait tout dit, malgré la perte certaine, et même si j'avais peine à le croire, je sentais pourtant encore ma vie être la peinture de ma seule volonté, mystique, unique, indépendante de tout le reste. Mes émotions, mes propensions, mes inclinations, tout cela pouvait-il être l'objet d'un simple calcul déterminé auquel je n'avais aucun moyen d'échapper?

Quel sentiment étrange que de se sentir autrement que l'on se pense.

J'étais bien en vie, ici, étendu sur ce divan à réfléchir ou derrière ce petit bureau à écrire mes réflexions sur le déterminisme. Je prenais conscience de tout cela et surtout de tout ce qui m'y avait poussé. Ma famille, mes amis, les gens qui m'entourent. Certains avaient semé les germes de cette réflexion. De ce nombre, ceux-là pointaient chez moi un talent exagéré, les autres me considéraient avec un brin de mépris, soulignant la vacuité de ce qui leur semblait exagérément intellectuel. De différentes façons, ceux qui m'entouraient m'avaient donc poussé dans une certaine direction. Il en était ainsi à propos de ce livre, mais aussi de toute chose me concernant sans exception.

Mais ma vie était d'abord le fait de ma propre expression. Celle de mes préférences, de mes talents, de la personne que je suis. Je tentai donc de me convaincre qu'il restait ainsi une part sacrée et immuable revenant à moi seul sans que rien n'y interfère. J'y songeai en tentant de reculer dans le temps le plus possible, et cela débuta peu avant ma naissance.

Avant que je naisse, on m'avait choisi un prénom : Jean-François. Ma mère avait fait ce choix. Elle le connaissait, mais il était également populaire à l'époque. Nous fûmes d'ailleurs nombreux à la petite école à le partager. Elle l'aimait beaucoup, car il lui évoquait la douceur. Mon père, qui en aurait peut-être choisi un autre, n'y put rien. Il allait par contre, dans ce cas, avoir la prérogative du choix du prénom de ma sœur qui allait suivre. Il la prénomma Doreen. Un nom hors du commun, inspiré d'une connaissance et se rapprochant du prénom de la sœur de ma mère, décédée plus jeune. Ce prénom qu'on me donna dès la naissance, je n'y pus donc rien et elle non plus. Ces prénoms, ils influencèrent pourtant bon nombre de remarques et de rencontres.

Ma mère et mon père avaient décidé de consommer leur amour à l'été de l'année 1980. Je suis donc né en avril 1981. Bien que je fusse trop petit pour en réaliser quoi que ce soit, l'année de ma naissance fut sans doute une année intéressante. 1981 fut notamment l'année du premier lancement dans l'espace de la navette spatiale Columbia, la première fois que le terme Internet fut mentionné, l'année où les scientifiques identifièrent le virus du sida, l'année où la compagnie

3M lança les *post-it* et, au Québec, l'année de la nuit des longs couteaux où René Lévesque, dit-on, fut trahi par Pierre-Elliott Trudeau. Il y eut sans aucun doute un tas d'autres événements d'intérêt et, bien que je n'en sache rien, cela influença tous ceux présents à cette époque. Personnellement, 1981 fut pour moi l'année de ma naissance et tout, absolument tout me concernant y est directement lié. Être né un an plus tôt ou plus tard, tout aurait été différent : je n'aurais notamment pas eu les mêmes amis, les mêmes boulots et Émilie, ma femme, n'aurait fort possiblement pas été ma femme, ni même une personne que je connais.

Je suis le produit d'un ADN dont les secrets se retrouvent dans celui de mes deux parents. Jeune, j'étais un bien petit garçon et j'ai gardé jusqu'à aujourd'hui une grandeur et une carrure fort modeste. J'avais des yeux bruns, photos à l'appui, qui tournèrent au vert, pour devenir finalement bleus! J'ai encore à ce jour des cheveux foncés, des dents croches et je crois être, pour la majorité des gens, ni très beau, ni très laid. Comme tous les adolescents que nous avons été ou seront un jour, mon apparence a influencé grandement qui je suis. Mon corps fut parfois mon passe-partout et d'autres fois, un obstacle difficile à surmonter. Quelques pouces de plus auraient certainement changé bon nombre de choses. À tout le moins, je n'aurais certes pas tenu cette pancarte en avant du groupe sur les photos de classe de 1re année.

Ces réflexions s'élargirent, mais il devint évident pour moi que tout y était. Variables externes, variables internes. Je n'y pouvais rien. Cette époque, ce prénom, cette image et tout ce qui suivit m'avaient conditionné à devenir qui je suis. Mais il n'est pas aisé de croire que ses émotions sont comme ce que sont un nom ou un visage. Et tout ce que je pense, y étais-je contraint? Je ne pus faire autrement que de me battre contre ces pensées.

…Et si je dépendais d'elles plus qu'elles ne dépendent de moi?

VII – TOUT NE DÉPEND PAS DE NOUS

Il ne faut pas en vouloir aux événements – Marc Aurèle.

Ma mère me disait qu'on ne peut pas tout contrôler, que certaines choses ne dépendent pas de nous. Qu'il s'agit simplement de faire avec ce que l'on a. Plus jeune, une partie de moi acquiesçait, l'autre refusait catégoriquement ce qui m'apparaissait comme une absurdité.

Je me souviens bien d'un moment particulier où elle m'avait partagé cette réflexion avec tout le réconfort qu'une mère peut y mettre, mais aussi avec toute l'expérience qu'un cœur blessé peut avoir. J'en étais à un tournant particulièrement difficile dans ma vie, notamment parce qu'au commencement de ce tournant se trouvait pour moi une rupture avec Émilie. J'étais complètement désorienté.

Revenu habiter chez ma mère pour un certain temps, profitant de son hospitalité sans condition et d'un bon repas que je n'avais pas préparé, je me rappelle encore un soir où j'étais affalé à la table et où je tentais vainement de ne pas sombrer dans les frustrations inutiles.

> « Je trouve ça difficile de devoir passer à autre chose, sans que jamais je n'aie voulu moi-même changer quoi que ce soit. »

Empreinte de sagesse, ma mère m'avait répondu ceci : « Moi aussi, j'ai été terriblement blessée tu sais. La vie n'est pas toujours celle que l'on souhaite. Ai-je eu le choix? Je l'ai accepté, c'est tout. En toute situation, le seul pouvoir qu'il te reste est celui de te troubler de ton sort ou au contraire d'en tirer le meilleur. »

***

Même si elle n'en sait rien, ma mère a toujours été empreinte d'une grande sagesse. Elle me parlait à cette époque comme les stoïciens, d'anciens philosophes de l'époque gréco-romaine m'ayant grandement inspiré, tout particulièrement Sénèque et Marc Aurèle. Leur philosophie s'est imposée durant la majeure partie de l'antiquité, jusqu'à ce que d'autres empereurs romains, après Marc Aurèle, favorisent largement la montée chrétienne. Au fil des siècles, le christianisme éclipsa presque tout le reste et notre monde d'aujourd'hui est largement tributaire de la volonté de l'empereur Constantin.

Avoir su à cette époque ce que je sais aujourd'hui, j'aurais certes porté plus attention à ce dont ma mère m'enseignait si candidement.

-12-
UN PEU D'EXERCICE

Le monde est indépendant de ma volonté – Ludwig Wittgenstein.

Je me sentais aussi seul qu'envahi. J'avais tenté de partager ces idées à mon entourage, mais personne ne semblait véritablement y porter attention. Évidemment, la philosophie existentielle n'est pas le sujet de prédilection des soupers en famille ou entre amis. Je m'isolai donc avec mes idées et tentai plutôt de les explorer davantage. Si ma tête avait raison, toutes mes pensées, même les plus anodines, étaient déterminées.

Mon cœur criait encore à ma tête de cesser tout ça. Malgré cela, j'en réclamais toujours un peu plus. À tout moment, j'analysais ce qui me passait par l'esprit, et cette analyse me conduisait sans cesse aux mêmes conclusions. Celles-ci n'ont d'ailleurs pas changé depuis.

En ce moment, par exemple, si j'essaie d'exclure le plus possible toutes les pensées directement liées à mon quotidien (le boulot, la blonde, le souper, les enfants, la garderie, l'école, etc.), quelle est l'image qui me vient spontanément en tête après un effort de vide conscient? Je pense à ma mère. J'y pense souvent d'ailleurs depuis un certain temps. Lorsque toutes mes réflexions s'emmêlent et me troublent, penser à elle m'apaise. Je pense aussi à ma sœur, car son cœur et sa tête connaissent intimement les miens. Je lui ai partagé beaucoup de ces réflexions et elle est une des principales variables de ma vie. Enfin, je pense à mon père. Il lira certainement tout ceci, mais bien vite, il divaguera à autres choses et nous en parlerons bien peu.

Après eux, lorsque mon esprit se vide un peu plus, il me vient une pensée apparemment indépendante du reste. J'ai en tête une flamme et cette flamme devient un brasier. Mais même cette pensée a des liaisons fortes et ces liaisons sont aisées à découvrir lorsque l'on s'y attarde. Personnellement, je pense au feu, car je connais l'histoire d'une famille dont la maison de certitudes pourrait être réduite en cendres. Toutes les pensées sont liées et elles me lient à elles. Aucune n'est indépendante. Jamais. Tout prend origine de ce qui a précédé.

***

Je me questionnai aussi sur mes sentiments. Ceux-ci me semblaient, au départ, différents de mes pensées. Les émotions, contrairement aux réflexions, me semblaient dotées de leur propre nature. Je cherchai donc à mieux comprendre de quoi il s'agissait.

Mes lectures me ramenèrent assez curieusement à Darwin. Il y a bien longtemps, le célèbre naturaliste les décrivit comme innées et universelles, et les études qui suivirent le confirmèrent. Aujourd'hui, les recherches tendent à démontrer qu'il y aurait six émotions de base, voire quatre. Les autres émotions, dites secondaires, seraient comme les couleurs, à savoir un mélange d'émotions dites primaires. Ces émotions premières seraient la joie, la tristesse, la peur, la colère, le dégoût et la surprise. Les études les plus récentes sur la dynamique des différents muscles faciaux ont même évoqué que la peur et la surprise (yeux grands ouverts) seraient en fait liées, et qu'il en serait ainsi pour la colère et le dégoût (nez ridé). C'est assez amusant de constater qu'il semble bel et bien y avoir des croisements entre certaines émotions.

Et que sont-elles ces six ou quatre émotions? Elles sont l'expérience de mon esprit lorsqu'il réagit aux influences biochimiques (mes variables internes) et environnementales (les variables externes), et elles auraient pour origine l'évolution de l'espèce, en termes de significativité pour la survie et le bien-être de l'individu. Ces émotions seraient en quelque sorte non seulement utiles pour l'humanité, mais aussi pour l'espèce animale. Par exemple, la colère provoquant le combat ou encore la peur entraînant la fuite, les émotions déclencheraient une réaction physiologique produisant une action souhaitable. Darwin mit en lumière la nature physiologique des émotions. Celles-ci nous apparaissent désormais comme la résultante de ce que nous sommes, c'est-à-dire des humains à la génétique bien définie.

Nos réflexions et nos émotions sont déterminées, car tout est directement lié à la biologie de notre cerveau et de nos organes. Le résultat de nos réflexions peut être totalement différent suivant leurs aptitudes. Par exemple, nos connexions neuronales déterminent notre esprit d'analyse et de synthèse, l'amygdale du cerveau est la source des émotions, et notre cortex préfrontal est le centre de la planification et de la mémoire de travail. Et les idées, bien sûr, n'émergent pas seules. Elles se créent à partir du croisement avec d'autres idées. Chacun subit des influences constantes, confronte ses idées, apprend de nouvelles choses, vit de nouvelles situations et s'imbibe des différentes représentations collectives telles que les mythes, les stéréotypes et les croyances diverses dont les fondements sont tout sauf certains. Chacun vit également des émotions intimement liées à sa biologie dont la tangente sera définie comme le tempérament et la personnalité.

Et considérant que nos pensées et nos émotions sont déterminées, peut-on croire qu'il en soit différemment de nos actions? Même les plus spontanées sont issues des mêmes évidences. Par exemple, je me ronge les ongles en ce moment. Quelle est la motivation de cette action? Est-ce isolé? Bien sûr que non. Cela est peut-être dû au fait qu'ils sont un peu longs et que cela m'agace. C'est aussi certainement dû au fait que je suis un peu nerveux de tout ce que ma tête et mon cœur ne peuvent simultanément contenir. Il est tout aussi probable qu'il s'agisse là d'une pulsion incontrôlable que mon corps et mon esprit me commandent.

Quoi qu'il en soit, je vois ici ces mêmes variables externes et internes dont ma tête s'est entichée. Que ce soit pour l'une ou l'autre de ces raisons, n'en suis-je pas maître? Par exemple, il m'est possible de ne plus porter les ongles à ma bouche. Et c'est d'ailleurs exactement ce que j'ai fait pour reprendre l'écriture de ce livre, mais est-ce bien une décision indépendante du reste, volontairement choisie et sans autre contrainte? Ne l'ai-je pas prise parce que j'ai fait l'exercice précédent, que je n'aurais pas fait sans toute cette discussion et tout ce qui y a mené?

Peut-on raisonnablement penser une seule chose qui ne soit liée à aucune autre? Comme pour la matière, rien ne se crée de rien.

***

Plus j'explorais l'idée de la détermination, plus il me semblait falloir renoncer à de grandes choses. J'avais l'impression de perdre ce qui me rendait unique et ne rien avoir choisi de mes rêves et ambitions, de mes valeurs ou de mes croyances, de mes goûts ou intérêts. J'avais aussi l'impression de perdre l'objectivité de tout ce qui comptait : ma santé physique et mentale, ma situation affective, amoureuse, familiale, amicale, professionnelle et économique. Tout cela, j'y étais attaché, car j'avais l'impression qu'il s'agissait de la résultante de mes décisions et de mes efforts, qu'il s'agissait de mes biens. Mais je n'y retrouvai bientôt plus cette liberté naïve d'autrefois et la possession pleine ne serait-ce que d'une seule de ces choses.

Qu'est-ce qui nous appartient vraiment lorsque chacune de nos journées, même lorsqu'elle nous semble extraordinaire, ne peut être autrement?

Par exemple, ma mère dont j'ai parlé plus tôt est venue, il y a quelques jours, m'aider à planter des fleurs et des arbustes chez moi. Elle était, en ce dimanche d'automne, mère de deux enfants en bonne santé, employée du gouvernement en semaine et donc en congé ce jour, conjointe de Jean-Pierre, résidente de Lévis, botaniste amateur, disponible et prête à m'aider. La ville donnait aujourd'hui du compost aux résidents. Malgré les prévisions, il n'a pas plu. Éloi et Henri, mes deux garçons, étaient en grande forme et ont pu jouer avec Émilie pendant que mes mains s'acharnaient à retourner la terre. Tout cela et bien plus a compté. En réalité, l'équation exacte de cet après-midi en a été faite. Si une seule de ces choses avait été différente, qui aurait-il eu de pareil? Nous n'aurions possiblement pas planté ces fleurs, pas passé ce temps ensemble et aurions remis le tout au dimanche suivant. Et qu'aurions-nous manqué elle et moi le dimanche suivant, que nous connaîtrons étant désormais disponibles pour autre chose à cette date?

Il se passe toujours, à chaque instant, une chose et une autre. Pendant que je plantais avec ma mère un dernier arbuste, le vent soufflait, le tonnerre grondait, un ballon roulait, une porte claquait, un voisin marchait et ainsi de suite. Tout ce qui se passe se passe et rien ne peut être fait pour le changer. On peut penser que si une seule chose est différente, le reste le sera certainement, mais la vie étant ce qu'elle est, une série d'événements et d'incidents qu'on ne peut maîtriser s'entrecroisent. Existant dans la seconde d'après, seul le futur peut subir l'influence du présent. Mais le futur, lorsque nous y sommes, ne l'est déjà plus.

Faire cet exercice et acquiescer à ces conclusions n'est pas très difficile, mais réaliser que chaque seconde de notre existence est ainsi faite donne le vertige. Penser ensuite à tous ceux qui nous entourent et comprendre que l'instant présent les lient à nous constamment donne mal à la tête. Et dans mon cas, j'en ai eu mal au cœur.

-13-
UN PEU D'ANGOISSE

L'angoisse est la disposition fondamentale qui nous place face au néant – Martin Heidegger.

Depuis des années, j'ai peur du néant. Ce trou noir qui, dit-on, suit la vie. Cette perte de soi et de ce qui s'y rattache. Cette absence de tout. M'imaginer que je pourrais tout oublier de moi-même jusqu'à n'être plus rien, n'est-ce pas le sentiment le plus terrifiant qui soit?

Plus jeune, je me devais absolument de chasser cette idée, de me convaincre qu'une seconde vie après la mort était possible et que celle-ci ne permet jamais la fin. Mon âme survivra, me disais-je, et peu importe où elle ira, j'y serai. Les hypothèses réconfortantes furent toujours nombreuses : le paradis sous toutes ses formes, la réincarnation sur terre, la visite d'autres univers, l'enfer au pis aller! Malgré tout cela, la possibilité qu'il n'y ait rien lors de mon dernier souffle n'a jamais su se faire complètement oublier et n'a cessé ponctuellement de narguer mon existence.

J'étais donc angoissé de me perdre à la toute fin. J'avais toutefois été persuadé de m'appartenir jusque-là. Mais ma réflexion, tel un trou noir, allait engouffrer le peu qu'il me restait encore. Le péril en était désormais plus grand. La perte de soi imaginée à la fin de mes jours s'annonçait sans attente. Je n'allais pas me perdre, je m'étais déjà perdu. En fait, c'était pire. Je ne pouvais pas me perdre, car je ne m'étais jamais appartenu. De quoi être dépossédé si l'âme qui nous est si chère n'est en fait rien auquel nous croyons, si l'ADN et l'existence que nous sommes amenés à vivre définissent tout de nous? L'âme peut-elle se dissocier du corps si elle y est complètement subordonnée? En fait, l'âme pouvait-elle exister dans la matérialité?

Je comprenais à mes dépens que l'âme telle que je la concevais n'existait tout simplement pas. L'âme n'était pas indépendante et ne pouvait être la possession de personne. Elle était une création fortuite, fruit de l'évolution. Une évolution biologique résultant en processus mentaux permettant le collage et la traduction d'expériences.

Les battements de mon cœur étaient-ils comptés d'avance? N'étais-je rien de plus qu'une horloge dictée par le mouvement régulier d'un pendule universel? Ma vie, ma mort, n'était-ce rien d'autre que des constantes immuables? Rendu à ce point de ma réflexion, je me sentis vite prisonnier de ce que j'étais, mais aussi et encore davantage du monde entier qui m'entourait. Ne pouvant ni en échapper ni m'en dissocier, je sentais me perdre en lui. La matière demeurait, mais mon esprit qui pourtant m'était si cher n'était plus. Et cette perte n'était-elle pas la plus grande qui soit? N'est-ce pas inimaginable de croire que penser n'est jamais un acte libre? Présumer que même cette pensée, en ce moment même, ne pouvait être une autre? Supposer que je ne pouvais faire autrement en ce moment que penser? Estimer que penser n'est pas réellement penser? N'est-ce pas une boucle intellectuelle sans fin tel le serpent ouroboros se mordant la queue?

Cette idée était à la fois le début et la fin. Elle me semblait contenir en elle tout ce qui existe. Même moi! Même elle! Ce grand principe déterminant, c'est cette même détermination sur laquelle je n'ai aucun contrôle qui me l'avait donné. C'est elle-même qui m'avait permis sa connaissance.

Cette réflexion, haute en voltige, m'apparaissait être la clef d'une porte s'ouvrant sur un autre monde que celui qui avait pourtant toujours été le mien. Mais là où je voyais d'abord une porte ouverte sur un chemin s'étirant vers l'infini, je vis ensuite une impasse assez terrifiante me saisissant d'angoisse. Cette idée englobait tout, universalisait tout, existentialisait tout, partout! Voir que le monde n'était pas tel que je le croyais n'était en fait pas si difficile, mais laisser cette réflexion prendre racine en moi, la laisser pénétrer dans tout mon univers, dans la voix de ma mère, dans celle de mon père, dans le regard de ma sœur ou celui d'Émilie, il y avait là quelque chose de bouleversant.

Ma tête avait plongé de toutes ses forces dans un gouffre et mon cœur avait fini par basculer avec elle. Ma tête avait fait le plus grand des sacrifices. Ce sacrifice, c'était celui de mon âme. Et bien que rien n'ait véritablement changé depuis, cette connaissance changeait tout.

Je le sais maintenant.

VIII – TOUT N'EST PAS BON À SAVOIR

Le savoir engendre la douleur – La Bible.

Mon père disait un peu bêtement : « Vivons heureux, vivons niaiseux. » Ce n'était ni très inspiré ni très poétique comme citation personnelle. Ma mère reprenait cette idée, après lui, avec considération. Elle me disait qu'« il n'est pas bon de toujours tout savoir ».

Croyait-elle vraiment que la connaissance n'est jamais si bonne en soi? Dans son cas, je crois qu'elle eût raison. Je l'ai vu plus heureuse attachée aux choses simples plutôt qu'attachée à la connaissance inutilement complexe de ces choses. Une fleur pousse lorsqu'on plante une graine en terre. Est-il vraiment nécessaire de savoir pourquoi? Pour ma part, j'ai passablement étudié toutes sortes de matières. Je peux discourir plutôt aisément sur la philosophie, la physique ou la gestion par exemple, mais je ne sais pas encore très bien comment planter un arbre. Ma mère, elle, en a fait pousser une forêt.

Je sais que j'en suis parfois malheureux.

***

J'ai pensé à elle dont la foi anime encore quelque peu le quotidien. Dans la Bible hébraïque, on peut lire quelque part que le savoir engendre la douleur. Ce n'est certes pas dénué de sens. En philosophie, Descartes écrivait similairement que « qui accroît sa science accroît sa douleur ». Cela m'apparaît plus vrai aujourd'hui qu'à n'importe quel autre moment.

Qui veut savoir qu'il n'est pas libre? Pire, qui veut savoir que même cette pensée n'est pas libre? Moi, je l'ai voulu, mais ce ne fut pas sans souffrance.

-14-
LES CHOSES UNIVERSELLES

Dans un tourbillon de poussière qu'élève un vent impétueux, dans la plus affreuse tempête excitée par des vents opposés qui soulèvent les flots, il n'y a pas une seule molécule de poussière ou d'eau qui soit placée au hasard, qui n'ait sa cause suffisante pour occuper le lieu où elle se trouve – Paul Thiry, baron d'Holbach.

Ce que nous faisons et pensons est régi par les lois de la nature. Tout un chacun, nous nous trouvons dans ce même paradigme. Cette détermination n'échappe à personne. Même si l'homme essaie d'être libre et croit l'être, il ne l'est jamais véritablement. Les lois de la physique gouvernent notre corps. Et d'autres sciences qui en découlent gouvernent notre esprit. Cela est ainsi, car nous sommes partie de la nature.

Je dois avouer que d'abord obsédé par mon propre déterminisme, je n'avais pas songé au fait que s'il en était ainsi, il ne pouvait à la fois en être autrement pour toute chose. Cette histoire n'avait donc rien de personnel. Il m'était d'abord venu à l'esprit que ce qui était le plus renversant concernait l'absence de mon libre arbitre. Je fus troublé par cette idée de ne pas m'autodéterminer. Mais ensuite, tardivement, je fus frappé plus violemment par une idée plus vaste encore. Infiniment plus vaste. À ce point qu'à mon sens, aucune ne peut y être subordonnée.

La causalité.

Il y a partout ici cette infinité de choses. Partout où je regarde, des centaines d'objets, de détails, dont nul ne peut être complètement ignoré. Par exemple, sur ces étagères devant moi, il y a plusieurs souvenirs, plusieurs histoires en attente d'être racontées. Et toutes prennent racine dans une infinité d'autres qui les précèdent. Mon attention pourrait se porter sur chacune de ces choses, mais en voici une que je donnerai en exemple et qui expose ce que je veux exprimer : j'ai une bouteille de whisky, depuis longtemps vidée de son contenu, que j'ai gardée en souvenir. Elle se tient sur cette étagère près de moi et elle regarde le mur qui la regarde à son tour. Je ne bois pas d'ordinaire de whisky, mais si j'ai décidé de la prendre ici en exemple, c'est qu'une histoire qui me revient à l'esprit l'accompagne. J'ai acheté cette bouteille il y a déjà longtemps dans l'État du Nebraska, aux États-Unis. Je voyageais avec Émilie et nous traversions le pays voisin en quête d'aventures et de rencontres. Je me souviens de chacun des 13 États, d'est en ouest, dont nous avons frôlé le sol. Nous étions à la conquête de bien des choses et peut-être, faut-il le croire, de cette bouteille d'alcool.

Elle se trouvait dans un supermarché. Pour tout un tas de bonnes et moins bonnes raisons, elle avait abouti là, dans l'allée numéro 2, juste au-dessus des bouteilles de vodka. Il ne s'agissait pas d'une bouteille d'un whisky populaire, mais plutôt d'un whisky local. Nous étions chanceux en quelque sorte qu'elle se trouva là.

En fait, comme tout cela n'est pas fortuit, il ne faudrait pas dire que la chance y est pour quelque chose. Il a fallu l'existence de cette épicerie, de cette allée, de cette tablette et, bien sûr, de cette bouteille. Nous l'avions choisie : son emplacement, son prix, sa forme, le descriptif sur son étiquette. Il faut dire que nous connaissions déjà le whisky, la culture américaine en faisant considérablement l'apanage. Nous désirions trouver une bouteille d'alcool, nous sommes passés ce jour, à cette heure, à cet instant. Autrement, tout aurait pu être différent et jamais nous n'aurions tenu cette bouteille entre nos mains.

Il a fallu que toutes ces choses s'alignent parfaitement pour que le résultat soit exactement celui-ci, que toutes ces causes produisent cet effet précis : une bouteille de whisky vide faisant partie de cette histoire. Et là n'est dite que la finalité. Il fallut cette bouteille, cette épicerie, ce grossiste, ce fabricant, bien sûr. Mais il a surtout fallu qu'existe cette boisson. La recette même du whisky. Son inventeur et l'histoire personnelle de l'inventeur qui y a mené. On sait que cette boisson s'est principalement développée en Écosse, mais ses véritables origines, dit-on, ne sont pas très bien connues. Encore a-t-il fallu qu'existe l'orge. Autrement, quelle boisson aurais-je achetée à ce comptoir? Peut-être aucune. Peut-être une autre.

Et ainsi va la suite des causes de manière infinie. Et l'effet immédiat est la cause de l'effet qui suit.

Une seule chose différente et qui aurait-il eu de pareil? La géographie, l'économie, les lois (notamment celles sur la prohibition), la politique. Un seul événement de mon histoire aurait changé l'avenir de cette bouteille. Un seul changement de l'histoire aurait pu en faire tout autant. Une seule loi de la nature différente et qu'est-ce qui serait similaire et ne le serait pas à ce que nous connaissons aujourd'hui, en ce moment précis où j'écris ces lignes? Ce dont je suis certain, c'est que dans ce tourbillon d'événements improbables et infinis, le choix de cette bouteille n'était pas un hasard. Bien sûr, le choix d'une bouteille de whisky demeure banal, mais elle fait désormais partie de mon existence et de ce livre.

En réfléchissant à cette bouteille, mais aussi à un tas d'autres choses qui m'entouraient, je réalisai donc que toute chose est déterminée à ce point, et bien plus encore que ce qu'il nous est possible de connaître.

Mais…

Si je suis assis sur cette chaise et à cette table en ce moment, ne pouvant me trouver ailleurs que là, maintenant… Si cette chaise sur laquelle je suis assis ne pouvait être ailleurs que là où elle se trouve… Si ce lieu et cette maison m'avaient été désignés de tout temps… Si ce pays et cette planète ne pouvaient être autres que les miens… Si cet univers ne pouvait survenir qu'au moment précis où il est survenu… Ne l'aurait-on pas déjà su? Ne me l'aurait-on pas déjà dit dès la petite école, et du moins, au collège ou à l'université? La science n'en aurait-elle pas déjà évoqué tous les aspects et défini toutes les tangentes?

-15-
LES LOIS DE LA SCIENCE

Le commencement de toutes les sciences, c'est l'étonnement de ce que les choses sont ce qu'elles sont – Aristote.

Je cherchai à en savoir davantage. Je cherchai d'abord avec maladresse, puis, petit à petit, je trouvai ce que d'autres en avaient dit avant moi. Cause. Conséquence. Volonté. Destin. Je lus de la philosophie et de la psychologie à outrance, errant à travers le bon comme le mauvais. Je découvris les pensées admirables de gens pris du même vertige. Des hommes d'une autre époque dont l'esprit a marqué l'humanité, mais aussi certains de mes contemporains désirant partager cette même vision. Je fus particulièrement attentif aux scientifiques du siècle dernier, et à ceux plus récents qui mirent à mal l'idée du déterminisme universel. La science me semblait avoir beaucoup à en dire.

La science est un rempart à toute fausse croyance. Elle est un ensemble cohérent de connaissances liées à des faits, des objets ou des phénomènes qui obéissent à des lois, physiques ou autres, et que nous avons obtenues à l'aide de méthodes rigoureuses. La science est ainsi une collection fascinante de savoirs et d'expériences qui nous éloignent des perceptions parfois biaisées de notre corps, de notre cœur et de notre tête. C'est d'elle dont j'avais alors tant besoin.

Soucieux de ne pas être moi aussi l'objet de perceptions erronées et d'idées délirantes, je cherchai donc avec attention à comprendre ce que la science disait du déterminisme. Mon cœur balançait à chaque lecture. Lorsqu'elles y étaient favorables, qu'elles confirmaient la causalité de chaque atome, j'étais empreint de contentement et d'angoisse à la fois. J'étais euphorique sachant que cette idée qui m'était venue était grandiose, mais j'étais tout autant angoissé que mon âme s'y perde. Lorsque mes lectures évoquaient le contraire, une partie de moi s'y perdait aussi.

Je dévorai pour un certain temps chaque article scientifique abordant de près ou de loin la causalité. La science en avait effectivement parlé. Elle en avait même parlé très abondamment. En fait, la causalité et le nécessaire déterminisme qui en découle furent l'un des sujets préférés des scientifiques au début du siècle dernier. Ceux-ci en dirent maintes choses et cela opposa farouchement certains des plus grands esprits.

L'essence même de la science est la causalité. Sans lien causal, toute science n'en est tout simplement pas une. Il n'est donc pas étonnant que plusieurs scientifiques des siècles derniers aient évoqué l'idée d'un déterminisme universel. Malheureusement pour ses défenseurs, cette idée n'a jamais été entièrement conciliable avec les systèmes de pensée dominants, et cela est encore plus vrai lorsque ceux-ci puisent leurs assises dans la religion ou la démocratie. Au début du siècle dernier, plusieurs se butèrent donc à des scientifiques plus attachés à leurs valeurs chrétiennes, ou encore à leur idéal de société libre, qu'à leur raison.

***

Le siècle qui vient de se conclure fut marqué par une accélération fulgurante, une accélération exponentielle encore jamais vue. Dans tous les domaines des sciences, il y eut des avancées phénoménales.

La relativité d'Einstein, l'énergie nucléaire, la science quantique...

Nous avons conquis l'espace : télescopes spatiaux, satellites, vaisseaux spatiaux, station spatiale. Nous avons compris surtout l'expansion de l'univers, le cycle de vie des étoiles et la nature physique des planètes. Au niveau des sciences du vivant, il y eut la découverte de la structure d'ADN et tout ce qui en découle : séquençage des génomes, clonage. Un autre domaine scientifique qui ne fut certainement pas en reste est celui des communications : radio, télé, et surtout Internet. D'un bout à l'autre de la planète, perdue entre deux serveurs informatiques, se trouve toute l'information du monde ou presque.

D'une certaine façon, nous n'avons jamais été aussi près aujourd'hui de l'immensité de l'univers, de sa complexité et de son unicité. Encore davantage depuis les dernières années de ce siècle nouveau, nous sommes en train d'accéder à une connaissance presque infinie. Nous sommes maintenant inondés d'informations nouvelles, et il se produit ponctuellement des changements de paradigmes qui laissent derrière d'autres paradigmes encore mal compris. Qui peut aujourd'hui prétendre connaître et comprendre le monde qui nous entoure?

Il existe, à mon sens, une porte qui doit être prise par quiconque a ce désir de compréhension. Cette porte, c'est la physique, ou plus précisément la science physique. Oui, c'est bien la physique que l'on enseigne à l'école dont je parle. Classique, elle figure comme la porte d'entrée. Quantique, elle en est la porte de sortie. Et pourtant, rien n'est vraiment comme il n'y paraît.

Voici d'abord un petit rappel de ce qu'est la physique classique. Si l'on résume, elle exprime les forces de la nature en formules, en calculs, en constantes lui servant de guide. La plupart d'entre nous connaissent la loi de la gravité, celle de l'attractivité entre les corps, et ont quelques notions de calculs de vitesse, de poids, de pentes et ainsi de suite. Depuis plusieurs centaines d'années, la physique classique a éclairé notre façon de percevoir et de comprendre le monde qui nous entoure. Mais qu'est-ce au juste que la physique? La physique veut dire ce qui est relatif à la nature. C'est l'étude de sa causalité. C'est la recherche des lois qui gouvernent notre univers. C'est la recherche des causes sous-jacentes à toute chose. La physique classique est la porte d'entrée à toute notre détermination. Elle fait la démonstration de lois immuables qui stipulent que des causes invariées créent des effets invariables. C'est précisément ce sur quoi repose l'édifice de la science. Comprendre la science, c'est comprendre la détermination de toute chose. Voilà pourquoi la physique est assurément une porte d'entrée fantastique à cette philosophie universelle qu'est le déterminisme.

Mais, c'est aussi cette science, lorsqu'elle est devenue quantique, qui est venue tout remettre en question.

La physique quantique n'est pas une seule théorie, mais un vaste ensemble de théories relativement récentes et aussi extraordinaires qu'incompréhensibles. Elles constituent, si on les considère en un seul bloc, la plus grande révélation du siècle dernier et le terrain de jeux des scientifiques actuels.

La physique quantique s'oppose notamment à la physique classique en ce qui concerne l'infiniment petit (les atomes, les particules). En fait, on considère généralement que les gros objets qui peuplent notre monde tel que nous le connaissons sont régis par les lois de la physique classique stipulant que les mêmes causes créent les mêmes effets. Comme je le mentionnais, c'est la loi de la causalité. C'est la fondation du déterminisme. Par exemple, une balle lancée sur un mur avec la même force, le même vecteur et dans un environnement identique (gravité, composition de l'air ambiant, etc.) rebondira de la même manière, au même endroit, à chaque fois. C'est scientifique. C'est aussi logique, n'est-ce pas? Notre esprit a appris par l'expérience que tout ce qui nous entoure est causal. Au moins à notre échelle, la science est venue le confirmer. Tout ce qui nous entoure ne peut être connu qu'en fonction de cette causalité.

Mais, au grand bonheur (et peut-être au soulagement) de plusieurs, la physique quantique est venue gâcher tout cela! En effet, les théories quantiques et les expériences des physiciens ont démontré que l'infiniment petit ne se comporte pas de la même manière que ce qui est visible à nos yeux. Cela est d'ailleurs paradoxal compte tenu du fait que l'infiniment grand est composé de l'infiniment petit, non? Contrairement à la logique, dans l'infiniment petit, les mêmes causes ne produisent pas toujours les mêmes effets. La même expérience (comme la collision entre deux particules) pourrait donner plusieurs résultats possibles, bien que dans une proportion déterminée et prédictible.

Reprenons notre balle citée en exemple plus haut et imaginons qu'elle est une particule. Même en étant envoyée avec la même force, le même vecteur et dans un environnement identique, celle-ci pourra rebondir de différentes façons d'une fois à l'autre, sans qu'il ne nous soit jamais possible de dire à chaque fois où elle tombera. Encore plus étonnant, notre balle n'atteindra aucune cible précise tant que nous ne vérifierons pas là où elle s'en est allée.

En fait, la matière à l'échelle de l'infiniment petit a un comportement étrange, et nos repères à l'échelle humaine ne nous sont d'aucun secours. Certaines propriétés de la matière sont curieuses, et même contre-intuitives. Il y a donc bel et bien deux mondes qui diffèrent à plusieurs égards. Par exemple, la physique classique prédit que le résultat d'une expérience, en fonction des variables, peut prendre une infinité de valeurs. Il n'y a pas de valeur prédéterminée. En revanche, la physique quantique nous parle de quantification à l'échelle de l'infiniment petit. Cela veut dire qu'un certain nombre d'observables, par exemple l'énergie émise par un atome lors d'une transition entre états excités, sont quantifiées, c'est-à-dire qu'elles ne peuvent prendre que certaines valeurs et non pas d'autres. C'est ce qu'on appelle les sauts quantiques. Plus concrètement, bien que cela demeure pour nous immensément abstrait, il nous faut imaginer l'atome, lorsqu'il est excité, disparaître et réapparaître un peu plus loin. Cet atome ne voyage pas entre ses deux positions, il ne peut que se trouver à l'une ou à l'autre.

En matière de détermination, une seconde propriété de la matière nous joue des tours. Le principe d'Heisenberg empêche la mesure exacte simultanée de deux valeurs telles que la vitesse et la position. Il s'agit d'une incertitude qui n'est pas liée à la qualité de l'expérience, mais qui est bien inhérente à la limite de précision de tout instrument de mesure.

Contrairement à ce que nous enseigne la science physique classique, la science quantique est venue également nous démontrer l'influence de l'observation sur le résultat d'un système observé. Au cours de la mesure d'une observation, un système quantifié voit son état modifié.

C'est pour le moins surprenant. Cela veut donc dire que la conscience que nous avons d'une chose la modifie. Certains scientifiques ont même émis l'hypothèse que rien n'existerait sans la présence de la conscience humaine sur le monde qui nous entoure.

Enfin, une autre propriété de la matière, très étrange celle-là, n'aurait certes pas pu être l'objet de la physique classique. Il s'agit de la non-localité que l'on appelle aussi l'intrication quantique. Il semblerait en effet que des systèmes puissent être intriqués, de sorte qu'une interaction en un endroit du système ait une répercussion immédiate en d'autres endroits. Rien de moins! La réalité rejoint ici aisément la fiction.

Les théories de la physique quantique sont ahurissantes et c'est avec étonnement que je les découvris. Je fus par le fait même obligé de prendre un certain recul. Là où je ne voyais que déterminisme, les recherches les plus récentes voyaient au contraire une certaine forme de chaos. À bien des égards, il ne semblait donc pas y avoir de causalité parfaite, et encore moins de prédictibilité. Les physiciens du XXe siècle avaient bel et bien réussi à éclipser l'idée du déterminisme universel en démontrant que la nature n'agit pas ainsi. Avec les travaux de Bohr, Heisenberg, Schrödinger et autres grands esprits, la logique humaine perdait les repères qu'elle avait acquis depuis les débuts de l'humanité.

En évacuant le déterminisme, nous sauvions ainsi l'âme, mais au prix d'en perdre toute compréhension.

Ma tête fut pour un instant déroutée, tandis que mon cœur soudain imagina l'apaisement…

IX – TOUT ARRIVE POUR UNE RAISON

La nature se suffit à elle-même – Friedrich Hegel.

Ma mère me dit un jour :

« Regarde ma fleur. »

« Laquelle, celle qui est en train de mourir, pourquoi? »

« Regarde comment la nature est bien faite. »

« Ah oui… une plante qui meurt, c'est super! »

« Non, regarde, elle libère ses graines en mourant. Ça va permettre à d'autres fleurs, peut-être plus nombreuses, de pousser. Tu vois, la nature est bien faite parce que tout arrive pour une raison. Si quelque chose meurt, c'est pour que quelque chose vive. »

« Donc… quand tes plantes se font manger par un lapin, c'est pour une bonne raison! »

« Non, moi, j'aime mieux les plantes, alors je ne veux pas de lapin dans mon jardin! »

***

Ma mère me parlait de la nécessité des choses.

Moi, j'y comprenais une leçon de botaniste amateur.

Il s'agissait pourtant là d'un point de départ à ne pas manquer.

-16-
L'IMPRÉVISIBLE PRÉVISIBILITÉ

Si nous attribuons les phénomènes inexpliqués au hasard, ce n'est que par des lacunes de notre connaissance
– Pierre-Simon de Laplace.

Tout a donc changé depuis.

Qui parle aujourd'hui du déterminisme des hommes ou des choses? Une recherche hâtive sur Internet permet de dérouter en quelques minutes ceux qui s'y aventurent. Toute la science quantique, omniprésente aujourd'hui jusque dans la science du vivant, a désormais détourné notre regard vers l'incompréhensible comportement de la matière. Le monde garde dès lors sa part de mystères, et la singularité humaine est préservée.

Il existe donc une brèche dans l'édifice du déterminisme universel, et ceux qui y ont cherché une voie de sortie y ont trouvé leur salut. Comme nous sommes incapables de prédire le résultat exact d'une expérience touchant l'infiniment petit, même en ayant connaissance de toutes les variables initiales, l'hypothèse déterministe semble s'être effondrée depuis. Une conclusion a donc été écrite ici, et beaucoup en ont fait la leur. J'imagine que certaines angoisses personnelles se sont soudain évaporées.

Ce ne fut toutefois pas mon cas : mes angoisses comme mes euphories restèrent entières. Il est vrai que la physique quantique a découvert de nouvelles lois, mais en quelque sorte, il est tout aussi vrai de dire qu'elle n'en a changé aucune.

La physique quantique ne fut d'aucun secours pour mon âme. J'avais perdu mon libre arbitre et je n'y retrouvais rien d'autre. Limités par ma biologie et les milieux dans lesquels j'avais grandi, tous mes choix y avaient été conditionnés, et le fait que l'atome soit une fonction d'onde et que sa détermination soit imprécise ne m'était d'aucun renfort. Cela ne changeait ni ma biologie ni ma psychologie. Même l'impact de mon observation sur la matière n'était en fait qu'un leurre. Cela ne réhabilitait en rien mon libre arbitre, et dans le chaos, mon âme ne gagnait rien qu'elle avait déjà perdu dans la détermination.

En fait, c'est seulement l'hypothèse déterministe universelle qui fut véritablement affectée par la physique quantique. Apparemment, elle en perdait même tout son sens. Si les mêmes causes ne produisent pas toujours les mêmes effets, il serait donc possible que tout ne soit pas déterminé, mais au contraire complètement aléatoire à chaque seconde. Une fission nucléaire pourrait écourter la lecture de ce livre, ou pire encore, nous pourrions disparaître à tout moment. Ce comportement hasardeux de la matière n'est toutefois pas notre réalité.

Toute chose est-elle issue d'un hasard parfait?

Dans ce cas, ma bouteille de whisky aurait pu ne jamais exister, tout comme moi ou encore vous qui lisez ce livre. L'univers devient une infinité de possibilités, passées, actuelles et à venir. C'est d'ordinaire ce que tout un chacun croit sans s'y attarder réellement.

Le déterminisme ne serait donc pas universel.

Vraiment?

La théorie quantique est absolument fascinante. Elle permet de décrire des phénomènes autrefois incompréhensibles à l'échelle microscopique. Mais, que se passe-t-il à l'échelle humaine? Comment se fait-il que l'indéterminisme de l'infiniment petit devienne déterminisme absolu dans le monde des hommes? Concrètement, comment se fait-il qu'une table soit toujours aussi dure et permanente dans le temps? Après tout, le hasard absolu pourrait faire en sorte qu'elle change de forme, ou encore qu'elle disparaisse sans autre avertissement.

On sait bien que cela ne se passe pas ainsi. Que se passe-t-il alors?

Malgré mes nombreuses lectures sur la physique quantique, mes pensées initiales demeuraient. Là où certains voyaient une réponse à l'hypothèse de la détermination, je ne vis rien du tout pour m'en détourner. Je continuai donc à chercher à mieux comprendre la physique, de sorte à découvrir ce que d'autres semblaient avoir vu avant moi.

Puis, je lus un jour sur la loi forte des grands nombres et tout devint limpide.

Cette loi mathématique s'attarde à la moyenne d'une suite aléatoire. Elle stipule que plus le nombre de variables tend vers l'infini, plus la moyenne sera une constante. En voici l'exemple le plus simple : le pile ou face. Selon la loi des grands nombres, plus les lancers d'une pièce seront nombreux, plus la chance d'en arriver au total à 50 % *pile* 50 % *face* sera grande. Avec les lois physiques classiques, nous dirons que si nous lançons la pièce de monnaie avec la même force, dans les mêmes conditions, le résultat sera toujours le même, supposons *face*. En contrôlant les variables initiales (les causes), on contrôlera le résultat (l'effet). Avec la physique quantique, dans le cas d'une expérience sur l'infiniment petit, ce n'est pas la même chose. Même si on lance la pièce exactement de la même manière à chaque fois, le résultat pourra varier. On pourrait avoir *pile* ou *face*. Certaines expériences en physique quantique, notamment avec les photons, laissent même entrevoir qu'avant notre observation, nous avons *pile* et *face*. Cela fait donc en sorte qu'il soit impossible de prédire le résultat de chaque expérience. Néanmoins, sur la moyenne d'un grand nombre d'expériences, il demeure possible de prédire, avec une grande exactitude, la proportion des différents résultats possibles. La répartition de ces probabilités est généralement représentée par une courbe que les physiciens appellent la « fonction d'onde ». Si nous revenons à notre exemple du *pile ou face,* on ne peut pas savoir quel sera le résultat d'une seule expérience, mais on peut tout de même savoir que sur un grand nombre d'expériences, le résultat devrait avoisiner 50 % *pile*, 50 % *face*.

Qu'en découle-t-il?

Il en découle que même si on ne peut prédire le résultat d'un seul événement à l'échelle de l'infiniment petit, on peut prédire le résultat de l'ensemble avec une précision suffisante à notre échelle. Imaginons maintenant l'univers comme un nombre infini de *pile ou face*. Même si on ne peut prédire singulièrement la conséquence de chaque collision entre particules, il n'en demeure pas moins que l'on peut prédire la conséquence totale exacte qu'auront un grand nombre de collisions.

Pourquoi cela demeure-t-il possible?

Car la loi des grands nombres s'applique parfaitement. Parce que l'univers est un nombre infini de variables, un nombre d'atomes incommensurables. Environ 5 billions sur une surface ne dépassant pas les 2 millimètres. À notre échelle, cela signifie des variables à l'infini, bien au-delà de notre compréhension. Tirons ne serait-ce que 5 billions de *pile ou face*, et il est évident que le résultat obtenu sera très précisément 50 % *pile*, 50 % *face*. L'infime imprécision en découlant, supposons 500 *piles* supplémentaires sur 5 billions de lancers, ne sera jamais saisissable à notre échelle.

C'est ce qui explique aisément le fait que la causalité nous apparaît, au quotidien, absolument parfaite.

La non-détermination de l'infiniment petit n'invalide pas la détermination de ce qui est à notre mesure. La physique quantique n'apparaît pas comme une science capable de décrire la réalité, notre réalité ; celle qui prend place dans un espace-temps commun aux Hommes. L'univers conserve pour nous un déterminisme stupéfiant. Bien que selon la physique quantique, nous ne soyons pas en mesure de déterminer précisément l'effet d'une cause singulière, nous sommes néanmoins capables de le déterminer en termes de probabilité. L'évolution déterministe initiale est remplacée par une équation d'évolution déterministe permettant de prédire, de façon certaine, l'évolution temporelle des probabilités. Enfin, à nos yeux, la table reste une table bien solide, même si à l'échelle de l'infiniment petit, certaines de ses particules disparaissent peut-être dans d'autres lieux à tout moment.

La loi forte des grands nombres permit donc à ma tête de poursuivre ses explorations folles, et l'autre partie de moi demeura dans le même étau. Il n'y avait rien à faire. Rien de ce qui nous appartient ne peut être autrement. Le chaos n'existe tout simplement pas à notre échelle.

***

Il existe justement une autre théorie bien connue ayant mis à mal cette fatalité : la *théorie du chaos*. Cette théorie évoque le fait que certains systèmes présentent un phénomène de forte sensibilité aux conditions initiales : la moindre imprécision dans la mesure initiale entraîne au final de fortes variations dans l'évolution du système, ce qui rend l'évolution future du système imprédictible à long terme.

Ce que suggère la théorie du chaos, c'est que compte tenu de cette sensibilité aux conditions initiales, l'évolution d'un système peut s'avérer pratiquement impossible à prédire.

Beaucoup ont déjà entendu parler de l'effet papillon.

Cette expression a été introduite en 1972 par un météorologue du nom de Lorenz. Dans le cadre d'une conférence d'envergure, Lorenz avait utilisé, pour parler de la prédictibilité, la métaphore d'un battement d'aile de papillon pouvant entraîner une tornade. Celui-ci cherchait à illustrer le fait que, en météorologie, il est impossible d'évaluer toutes les variables et qu'une seule, aussi petite soit-elle, a le potentiel d'entraîner des changements majeurs à plus long terme. Ainsi, un battement d'aile de papillon non pris en compte est peut-être celui qui entraînera de proche en proche une variation très importante des conditions atmosphériques.

Cela nous fait percevoir la non-infaillibilité du système prévisionnel. Il est impossible pour nous de pouvoir tout prédire. Le déterminisme existe, mais pourrons-nous un jour prévoir cette causalité à l'échelle du monde? Poser la question est y répondre.

Pierre-Simon de Laplace, un mathématicien, astronome et physicien du début du XIXe siècle, fut l'un des plus ardents défenseurs de l'histoire du déterminisme. Laplace rêvait de cette infaillible prédictibilité. C'était toutefois sans y croire réellement. Même à cette époque, il savait bien que notre univers est, et resterait, infiniment trop complexe pour pouvoir calculer toutes ses variables à un moment précis. Même nos ordinateurs modernes les plus puissants n'ont d'égal qu'un seul cerveau humain. Pas étonnant que les prédictions météorologiques soient si difficiles à réaliser.

Comme l'illustre la théorie du chaos, il est raisonnable de croire qu'une petite variable peut amener d'immenses changements. Le contrôle que nous avons sur notre vie n'en est que plus réduit.

Non. Il n'y a rien d'autre qui soit possible, et nous ne pouvons rien y faire.

Rien ne peut être changé.

Pourtant, tout a changé…

-17-
LE DÉBUT ET LA FIN

Tout le monde croit que le fruit est l'essentiel de l'arbre quand, en réalité, c'est la graine – Friedrich Nietzsche.

Les jeunes enfants ont un franc-parler qui leur est unique. Leurs questions habituellement anodines, mais parfois lourdes de sens, n'ont presque pas de filtre. Puis, aux environs de 7 ans, les enfants franchissent l'âge de raison. Leur intuition est remplacée petit à petit par les relations de cause à effet entre les choses.

Comme je l'évoquais, très jeune déjà, je me rappelle avoir senti plusieurs fois l'angoisse de la vie, sachant qu'elle impliquait la mort : « Maman, il se passe quoi quand on meurt? ». À l'époque, c'était une intuition sans fondement objectif, mais la fragilité de l'existence a toujours fait partie de moi. D'abord enfant, puis adolescent, j'avais poursuivi discrètement mes réflexions et j'avais laissé ma tête discuter presque secrètement avec mon cœur. Le jeune garçon épris de mysticité était ainsi devenu un jeune adulte comme les autres. Présente depuis toujours, cette réflexion pris cependant une place de plus en plus grande et, malgré la difficulté, mon désir de la partager grandissait avec moi.

Au fil de mes pensées et au fil de cette histoire, il vint un moment où j'eus l'impression de comprendre l'intimité de toute chose. Il n'y avait désormais plus de magie, plus d'ésotérisme plus grand que ma pensée, car elle englobait tout. Je me sentais tel un esprit libéré de ses chaînes, mais aussi un esprit saisissant pleinement toutes les limites de sa liberté. Et c'est à ce moment que ma solitude me parût la plus grande. Je vivotais depuis un certain temps déjà entre l'angoisse et l'euphorie, mais au-delà de mes réflexions, que devais-je en faire? Feindre avec famille et amis que rien n'avait changé et que le quotidien revêtait pour moi la même importance?

Je cherchai à savoir ce qu'une telle réflexion et un tel sentiment commandaient. Que devait-on faire après cela? Même le partage de cette histoire me rendait craintif, sachant que certains n'y comprendraient possiblement rien, sans que j'y puisse quelque chose ni même qu'ils y soient pour quoi que ce soit.

Après tout, cette découverte que l'esprit fait sur lui-même n'est pas qu'un simple apprentissage. Elle en est sa fondation. S'y l'on y réfléchit bien, on peut voir que tout ce qui existe y est lié de près ou de loin, tant au passé qu'au présent ou au futur. Toutes les idées y sont connectées, mêmes celles qui essaient de s'y opposer. Matérialisme, idéalisme, réalisme, empirisme, essentialisme, existentialisme et autres : aucune philosophie ne peut s'en abstraire. Toutes les sciences s'y rattachent. Toutes les matières y trouvent leur fondement.

Je ne savais pas ce que j'allais en faire, ce que cela apporterait à ma vie, mais je savais qu'il y avait encore plus à comprendre.

***

J'ai évoqué, plus tôt, l'amour de ma mère pour les fleurs. Lorsque je lui parlai pour la première fois de cette idée, je lui dis ceci :

« Toi qui aimes les fleurs, imagine une graine. Celle-ci contient en elle tout ce qu'il faut pour devenir une fleur. Cette graine a en elle un potentiel défini. Ce potentiel n'est ni celui de devenir un crapaud, ni un épi de maïs ou un navet. Elle ne peut devenir qu'une fleur bleue, longue, aux pétales hauts et au parfum prononcé. Toute chose est l'effet d'une cause, et le résultat, l'effet cumulé de toutes les choses qui l'ont précédé. Chaque chose est donc due à ce qui a été avant elle. Je suis devenu qui je suis non pas parce que j'ai choisi qu'il en soit ainsi, mais parce qu'il ne pouvait en être autrement. »

De la même façon, ma bouteille de whisky ne pouvait se trouver ailleurs que devant moi à cet instant, et ma mère, elle, ne pouvait se trouver ailleurs que dans mes pensées, à ce moment précis. L'univers est fidèle à chacune de ses parties, car il *est* chacune de ses parties. C'est merveilleux quand on y pense. Au début, on ne voit que soi, puis on comprend que ce qu'on regarde, ce n'est pas que soi, mais toute chose en fait.

L'homme est une feuille au vent et bien qu'il croie pouvoir se guider, le vent est toujours plus fort et l'emporte là où il va. Mais en réalité, il ne peut en être autrement, car le vent et l'homme sont une même et unique chose.

L'humanité, ce sont toutes ces feuilles qui créent la brise.

Il en va de même pour toute chose, car tout est d'abord l'effet de causes l'ayant précédée. Toute chose est l'effet d'une cause. Toute chose est la cause d'une autre. Chacune fait tout changer ce qui sera après. Ce qui est n'existe qu'en fonction de ce qui a été.

L'univers, ce sont toutes ces choses qui le créent.

L'univers est déterminé depuis le tout premier instant de son existence. De la première cause, nous en arrivons aux effets d'aujourd'hui, qui seront les causes de demain.

Dans le début, il y a la fin.

Dans la fin, il y a le début et tout ce qui l'a suivi.

PARTIE 3

L'ÂME, L'EXISTENCE, L'ÊTRE

X – MA SOEUR

Chaque âme est et devient ce qu'elle contemple – Plotin.

Je connais une jeune femme belle et vive d'émotions, qui a toujours pleuré à la moindre larme et rit au moindre sourire. Elle a toujours inspiré mes élans et si souvent secoué mon statu quo.

Cette jeune femme, c'est ma sœur, et sans elle, qui aurait-il de semblable en moi? Elle est assurément la troisième pierre de ma construction.

Je me rappelle d'elle adolescente, partie à l'aventure sur le pouce, moins de 100 $ en poche, en direction de la Gaspésie. Un millier de kilomètres pour aller rejoindre autant de hippies réunis autour de feux et de tentes. Sans souci, sans crainte, sans avertissement, elle est partie comme elle est revenue. C'était immensément déraisonnable. Mes parents étaient évidemment furieux et terriblement inquiets. J'étais comme eux, profitant de l'occasion pour réprimer haut et fort son élan insensé. Est-ce utile de dire que mes réprimandes cachaient également beaucoup d'envie?

Ma sœur m'a toujours paru bouillonnante de vie et moi, à ses côtés, tristement tiède. À travers ses actes et ses paroles, j'ai appris la révolte d'un esprit presque libre, et ce, malgré sa jeunesse. Un esprit pour qui la raison, même si présente, n'a cependant jamais supplanté le cœur. Bien sûr, les années ont amené à sa vie et son esprit quelques accalmies, mais elle a gardé l'élan d'une âme pleine et je n'y connais pas d'égale. Elle a nourri mes pensées et mes espérances...

-18-
LES RÉFLEXIONS DE MON ÂME

Qui sait si la raison de l'existence de l'homme ne serait pas dans son existence même – Julien Offray de La Mettrie.

Ma tête et mon cœur se bousculaient. D'un côté, je voyais la perte de tout ce que nous sommes, et de l'autre, au contraire, toute la beauté du monde.

J'étais donc à la fois une âme éclairée, mais également meurtrie. Je commençais désormais à voir ce qui était autrefois hors de ma vue. Au sortir de cette caverne, la lumière que l'on voit pour la première fois brûle les yeux, et il nous semble d'abord qu'elle nous consumera en entier. Insatisfait des placebos de la religion, des vérités trop partielles des sciences et de tout ce qui borde le début du siècle actuel, ce n'était donc pas sans peine que j'avançais, mais avec conviction et nécessité. Je me sentais floué de ces béquilles qui construisent notre monde, même si, en quelque sorte, elles m'étaient encore chères, et je désirais, malgré une certaine douleur, marcher dans cette direction encore inconnue sans elles.

Avec toute l'arrogance d'un jeune philosophe à la formation académique partielle, je me mis donc en quête de vérité.

***

Qui peut dire quel est le sens de l'existence? Son but, son entendement, sa finalité? À quoi s'accroche-t-on qui soit assez signifiant pour justifier toute une vie? Quelle devrait être la trame de fond de l'existence humaine? L'humanité toute entière, mais à commencer par la singularité? À quel cadre de référence doit-on s'accrocher? Quelqu'un, quelque chose, quelque part? Une émotion, une pulsion ou peut-être une morale? Peu importe ce qui me vint en tête ou ce qui vient à l'esprit de celui qui lit ce livre, il me parut nécessaire de mettre tout en doute, tout à l'étude. À mes yeux, les conclusions d'un monde déterministe forçaient la reconstruction.

Plus jeune, je m'étais dévoué à la recherche de l'amour, au plaisir, parfois aussi à la recherche d'une morale et d'une définition du bien et du mal. Longtemps, j'ai cru aussi que le sens de ma vie résidait dans l'état de bonheur. Mais rien de tout cela ne m'avait suffi, et le bonheur m'avait toujours semblé fugace. Je savais devoir me reconstruire, mais par où devais-je commencer? Sur quoi devais-je m'appuyer si chacun de mes jugements n'avait rien d'objectif? Si même les émotions les plus originelles, tel l'amour d'une mère ou d'un père pour son enfant, puisent leurs sources de l'inné et de l'acquis? Tout était-il inévitablement subjectif et joué d'avance?

La seule chose pouvant se dégager du reste me semblait être ce qui fait l'objet de cette histoire. Gouvernant les hommes et leurs pensées, les choses et leur construction, la causalité devint donc ma seule certitude, et ce fut sur elle que j'appuyai mes fondations et ma méthode.

***

René Descartes, l'un des plus grands esprits scientifiques de tous les temps et l'un des fondateurs de la philosophie moderne, fit de même. Son *Discours de la méthode* fut, je crois, le premier texte philosophique que je lus, et mon désaccord initial avec lui m'apporta peut-être plus que tous les philosophes que j'abordai par la suite. Pour s'assurer de la solidité de ses connaissances, Descartes chercha un fondement inébranlable à partir duquel il pouvait déduire tout le reste. Le philosophe élabora une méthode qu'il voulait universelle, aspirant à étendre la certitude mathématique à l'ensemble du savoir. Selon ce dernier, tous les phénomènes devaient pouvoir s'expliquer par des raisons mathématiques obéissant à des lois.

Sa méthode consista, pour l'essentiel, à mettre systématiquement tout en doute, incluant ce qui paraît le plus évident. Ce doute universel devint son point fixe et immuable. C'est ce qui l'amena à sa plus célèbre formule : *Cogito ergo sum,* c'est-à-dire *Je pense, donc je suis.* Les investigations de Descartes lui firent conclure que la seule chose ne pouvant être mise en doute était sa pensée, car dans ce néant universel où nous sommes placés en doutant méthodiquement, il y a quelque chose dont nous ne saurions jamais douter, à savoir que nous savons que nous doutons. Sachant que je doute, l'affirmation « je sais que je suis » est nécessairement vraie. Conséquemment, je pense, donc je suis. Pour Descartes, tout partait de notre pensée, et la chose la plus certaine qui soit consistait donc dans cette conscience de notre réalité pensante.

À partir de cette certitude première, le philosophe entreprit de démontrer l'existence de Dieu, la nature de l'homme et tout ce que renferme le monde. Cette entreprise reposa sur cette certitude comme point de départ, mais aussi sur le principe de la causalité pour établir tout ce qui suivra, chaque effet ne pouvant contenir plus que la somme des causes l'ayant produit. Par exemple, en ce qui concerne Dieu, Descartes se basant sur l'idée qu'un être infini, somme de toutes les perfections et de toutes les réalités, ne pouvait venir d'un être imparfait, c'est-à-dire l'homme, Dieu ne pouvait pas être la création de l'homme. Il était donc nécessaire qu'il existe comme cause première. Il s'agissait là de l'argument ontologique, repris par bon nombre de philosophes par la suite, mais aussi plus critiqué qu'autrement depuis.

Plus jeune, lors de ma lecture de Descartes, je manifestai rapidement mon désaccord devant cette construction de connaissances émanant de la prémisse du *Cogito ergo sum*. Descartes croyait en une âme indépendante du corps. Cette dernière ne pouvait, selon lui, s'apparenter à tout le reste. Il s'agissait d'un point de plus justifiant ma scission avec ce philosophe et le fait que je sentais mes idées loin des siennes.

Les années passèrent et je vins à relire le philosophe. Cette seconde lecture, plus attentive, me permit cette fois d'apprécier pleinement sa démarche admirable malgré mes points de divergences. Je décidai ainsi de reprendre son doute universel, mais me détachai de sa volonté inhérente de justifier Dieu ou encore l'âme. Le mathématicien, physicien et philosophe du XVIe siècle, trouva une certitude première qu'aucun n'avait aussi bien cerné avant lui. À partir d'elle, il démontra tout le reste et construisit un monde de connaissances certaines.

L'existence et l'essence sont deux choses distinctes, et Descartes ne justifia toutefois que la première en affirmant que nous existons. L'essence de l'homme demeura orpheline. La pensée justifiait l'existence, mais quelle était l'essence de cette pensée? Le simple fait de penser, lorsque cette pensée ne peut être une autre compte tenu de tout ce qui l'a précédée, donne-t-elle à l'homme la certitude de son unicité? Peut-on affirmer sans libre arbitre que nous pensons librement? Ne questionnant pas son essence, on peut supposer que le philosophe ne vit pas sa détermination.

Le philosophe acceptait toutefois de voir la détermination chez les animaux. Il disait d'eux qu'ils étaient comme des machines. Selon Descartes, les animaux obéissaient à leurs pulsions, et donc au principe de causalité, les stimuli extérieurs entraînant des comportements prévisibles. Descartes croyait toutefois que l'homme avait la faculté de ne pas obéir aux stimuli, ce qui justifia qu'il les considère autrement. Il estima donc la pensée des hommes comme indépendante et en fit sa certitude première. S'il était né quelques siècles plus tard, les sciences de la psychologie et de la neurophysiologie auraient assurément mis en doute ses plus grandes certitudes.

***

Comme Descartes, il m'apparaissait justifié de douter de tout et de tout questionner. C'est donc ce je fis et je décidai de débuter mes questionnements par une triade maintes fois entendue qui me semblait à propos. J'y réfléchis cette fois en ayant en tête tout ce que j'avais découvert plus tôt, et elle m'emmena plus loin que je ne l'espérais.

Qui a dit un jour : « Qui suis-je? D'où viens-je? Où vais-je? » N'est-ce pas trois questions à la fois formidables et effrayantes?

Qui suis-je?

Je suis MOI. Précisément la personne que je suis sans qu'il n'y ait de différence possible. Je possède ce sentiment fort d'exister à part entière et d'être un centre de gravité. Ce sentiment de posséder une liberté presque infinie sur ma vie. Ce sentiment que je ne perdrai jamais conscience de ma personne, que je mourrai sans jamais y perdre l'âme.

Je suis à la fois et en vérité un tout autre MOI. Sans cette individualité qui martèle chacune des secondes de ma vie. Sans cette prétendue liberté qui me trompe. Mon existence est en fait celle de toute chose. Je suis nécessairement rattaché à l'ensemble. Je n'existe pas sans ce qui m'entoure. Je suis divin. Je ne suis rien. Je suis un court instant dans l'immensité du temps, qu'il soit relatif ou spatial. À chaque seconde de ma vie, je meurs un peu plus, mais chaque partie de moi est pourtant éternelle. Je sais que je suis le produit d'un univers qui depuis toujours porte en son sein mon existence. Je sais aussi que grâce à moi, comme tous ceux qui m'entourent, d'autres existences seront possibles. Je sais enfin que penser le monde sans moi est impossible.

D'où viens-je?

La science nous apprend que l'origine des hommes et de la matière proviendrait d'une énergie initiale immensément dense, un univers infiniment plus chaud et plus homogène qu'aujourd'hui. Cette matière aurait subi une expansion démesurée en un laps de temps extrêmement court. La matière se serait ainsi distribuée, créant l'univers en constante expansion. L'univers serait rempli de matière ordinaire, mais aussi de matière noire et d'énergie sombre. La matière serait composée d'atomes, eux-mêmes composés d'électrons, de protons et de neutrons, composés notamment de quarks. En leur sein, un milliardième de milliardième de fois plus petites que ces particules élémentaires se trouveraient, peut-être, des cordes, espèce de membranes vibratoires présentes dans plusieurs dimensions, bien au-delà de l'espace-temps d'Einstein.

Dans notre univers, il se serait formé des galaxies. Dans l'une de celles-ci, la Voie lactée, près d'une étoile nommée Soleil, sur la planète Terre, des molécules se seraient assemblées en chaînes d'ADN menant à la vie, à la conscience et à des hommes capables de s'interroger sur le monde qui les entoure et sur l'univers qui les a engendrés.

Je viens donc d'aussi loin. Je sais que je suis la résultante de tous ceux qui ont été avant moi. Tous ceux, mais aussi tout cela. Mes parents, leurs parents, mes ancêtres, les premiers animaux, les premières formes de vie, la matière, l'énergie. Je sais que nous sommes le résultat de toute chose ayant existé avant nous. Toute chose, depuis l'énergie initiale, qu'elle soit perçue comme une force mystique ou une force physique, qu'elle ait un dessein ou non. Il s'opère nécessairement une détermination des événements par des causes indépendantes de la volonté humaine, qu'il s'agisse de Dieu ou de lois naturelles.

Et où vais-je?

Je vais à la croisée de ce que nous sommes et du monde qui nous entoure. Il y a des milliers d'endroits où je voudrais aller, des milliers de choses que j'aimerais faire et voudrais devenir. Il y a aussi tout autant de choses que le monde offre. Mais j'irai, comme nous allons tous, là où, à chaque fois, dans un parfait synchronisme, ma vie et le monde se rencontreront.

Où allons-nous donc?

Nous allons là où nous allons. Nous allons où tout notre être nous conduit. Où tous nous conduisent. Où tout, partout, nous conduit. Nous allons là où l'on nous attend. Nous allons là où, peut-être, sans le savoir, nous nous attendons. Nous allons là où nous ne pouvons qu'être, à un seul endroit, aux limites d'un futur linéaire.

L'existence semble se suffire à elle-même.

***

Arrivé aux conclusions de cette réflexion, j'eus l'impression qu'il y avait beaucoup à comprendre dans ces trois courtes questions, beaucoup plus que je ne pouvais en comprendre momentanément à tout le moins. Y verrait-on la même chose que moi? Elles me semblaient contenir toutes les réponses possibles à toutes les questions que je m'étais posées avant elles.

-19-
ET AUTRES RÉFLEXIONS SANS IMPORTANCE

Plus on pense de façon objective, moins on existe
— Søren Kierkegaard.

Qu'est-ce qui pouvait bien compter après cela? Que restait-il à l'homme et que restait-il, à moi, maintenant? J'avais l'impression étrange qu'il me restait bien peu. Après tout, même lorsque nous croyons posséder quelque chose d'unique, être un être singulier, nous sommes en fait plutôt insignifiants. Nous sommes poussière d'étoiles. Nous sommes faits des mêmes éléments que toute la matière, initiée d'explosions, de formations, de fusions et d'expansions. Nous ne sommes pas différents de l'univers, nous en sommes l'une de ses parties. Une minuscule, minime, infime partie.

Les nombres, même lorsqu'ils sont au-delà de notre compréhension nous éclairent en ce sens. Tous les hommes, passés, présents et futurs, ont vécu, vivent ou vivront possiblement sur cette terre. Cette terre, elle fait partie d'un ensemble de planètes gravitant autour d'une étoile, le Soleil. Cette étoile, dans notre galaxie, côtoie possiblement entre 200 et 400 milliards d'autres étoiles comme elle. Et notre galaxie est, elle aussi, une fraction négligeable de tout ce qui existe. Selon les estimations assez communes, il y aurait entre 100 et 200 milliards de galaxies. La multiplication de ces milliards donne le vertige.

Que reste-t-il à l'humanité, si petite, devant tant de grandeur? Et que restait-il à mes joies et mes peines? N'était-ce pas que des soubresauts sans importance? Nous ne sommes importants qu'à nos yeux seuls. Et notre âme n'est qu'une diversion face à cet univers qui nous dépasse.

Que restait-il?

Que des réflexions sans importance au fond. Que des artifices humains dont le véritable théâtre ne se joue qu'entre quelques neurones. Personnellement, j'ai cru beaucoup de choses pour guider ma vie et lui donner l'envergure du sentiment humain : Dieu, la morale, la justice, la passion, le bonheur...

XI – TOUT EST DIEU

Définissez-moi d'abord ce que vous entendez par Dieu et je vous dirai si j'y crois – Albert Einstein.

Très jeune, vers l'âge de 5 ans je crois, j'évangélisais déjà toute la parenté. Ma grand-mère en savait quelque chose : « Mamie, Dieu est partout, mamie… » Ma sœur était trop jeune pour m'écouter prêcher, mais ma grand-mère qui prenait plaisir à m'enregistrer lui fit écouter quelques enregistrements sur cassette de mes sermons. Elle me les rappela avec un malin plaisir une fois devenue adulte.

Ma ferveur religieuse s'est toutefois vite estompée, tandis que la sienne grandissait. Je ne me rappelle plus très bien à partir de quel moment elle développa cet attachement particulier pour la religion catholique notamment. Ma sœur m'a déjà dit un jour que son idole était Jésus-Christ, car personne mieux que lui n'avait montré aux hommes que Dieu est amour, que tout est amour, et donc que tout est Dieu. C'était beau de la voir pleine de convictions et satisfaite de son choix, comme une personne nouvellement végétarienne persuadée que sa santé n'en ira que mieux.

« Quand je pense que Dieu est partout, cela m'apaise, j'me sens soudainement en harmonie avec toute chose. »

Elle croyait en Dieu comme on croit que demain sera un jour meilleur, parce qu'il est bon d'y croire.

***

Cette ferveur, ce fut bien après ses révoltes et ses désillusions de jeunesse, bien après ses écarts de conduite et ses remises en question, bien après toutes nos discussions aussi passionnées qu'incomplètes sur la religion et la philosophie.

Tout est Dieu...

« Je veux bien, lui dis-je maintes fois, mais qu'est-ce que Dieu? »

-20-
LES CROYANCES INFANTILES

Le plus sûr moyen de tromper les hommes et de perpétuer leurs préjugés, c'est de les tromper dans l'enfance
– Paul Thiry, baron d'Holbach.

La vie de n'importe qui est l'addition d'un nombre incalculable de croyances acquises depuis l'enfance. En discutant un certain temps avec quiconque, on peut voir se dessiner une construction qui en constitue la trame de fond. La construction des idées d'une personne est montée en superposition, et malgré qu'elle ne tienne bien souvent qu'à peu de raisons, elle reste étonnamment inébranlable. Des croyances en fondent d'autres qui, à leur tour, seront la base d'un plus grand nombre encore. Et puis, après un certain temps, une certaine confusion inavouée s'installe. Qui, dès lors, saurait dire ce qui justifie chaque jugement?

Pourquoi, par exemple, ma sœur croit-elle en Dieu?

Elle me dirait qu'elle y croit, car elle a l'intuition qu'il existe quelque chose de plus grand qu'elle. Peut-être me dirait-elle aussi qu'elle croit en une force qui assure l'équilibre, et que c'est cette dernière qui permet la vie telle que nous la connaissons. Mais ce qu'elle m'a dit et en dirait encore aujourd'hui, n'est-ce pas aussi des croyances qui en nécessitent d'autres avant elles? Il est certain que l'ésotérisme un brin sectaire de mon père y fut pour quelque chose. Et n'y a-t-il pas dans cette construction au moins une pierre dont on peut douter de la solidité? Que reste-t-il, dès lors, qui ne peut être mis en doute?

Quand j'étais petit, je croyais à tout. Tout me semblait possible. Je croyais en Dieu avec ferveur, et jusqu'à environ 7 ans, au Père-Noël avec passion. Plus vieux, mais pas beaucoup non plus, je me rappelle avoir cru aux « esprits de garde-robe ». À l'école La Ruche, où je faisais mon primaire, « Bouboule » faisait des ravages et j'avais moi aussi peur de lui. Pour voir ce dit Bouboule, il suffisait de s'enfermer seul dans une garde-robe et de prononcer trois fois son nom :

« Bouboule »
« Bouboule »
« Bouboule »

Plusieurs l'avaient fait, semble-t-il, et selon les témoignages de mes copains de classe, il était bien réel. J'en étais autant effrayé que fasciné. Le cœur battant, je me rappelle m'être enfermé à plusieurs reprises dans la garde-robe de ma chambre et avoir prononcé son nom une première, puis une deuxième fois. Jamais je ne prononçai toutefois son nom trois fois. Le mystère demeura donc entier pour l'enfant que j'étais.

Plus vieux, je crus en toute sorte de petite magie dont mon père m'entretenait avec beaucoup de sérieux. Il fit d'ailleurs la même chose avec ma sœur. Paroles protectrices, recettes séductrices, mi-science, mi-croyance. J'abordais le tout avec un nouveau scepticisme, mais cela prit part en moi et le restera sans doute à jamais. Même si la raison n'en a plus laissé grand-chose, je me surprends encore aujourd'hui d'en avoir conscience.

Les années passèrent et je continuai à accumuler les croyances. Pas uniquement celles les plus farfelues, surtout celles les plus acceptées de tous en fait. L'idée de bien, de bon, de juste, de grand, et tous leurs opposés. Jeune adulte, je tentais le plus possible de rationaliser les croyances de mes parents, enseignants et amis. Je devins ainsi fervent séparatiste et, surtout, gauchiste militant. Pendant de nombreuses années, je pointai avec vigueur les déficiences et les abus du capitalisme éhonté, allant même jusqu'à présider une association générale étudiante et être en tête de manifestations contre le gouvernement toujours trop libéral à mon goût. Je me gavais de lecture sociales et communistes et partageait à qui voulait l'entendre les idées enivrantes d'un certain Marx.

Puis un jour, je lus un livre convaincant qui changea tout. Les idées capitalistes qui me répugnaient, cette fois me séduisirent. Mes idées sans nuances devinrent fuyantes et le jeune homme idéaliste embrassa un peu plus de pragmatisme. Un seul livre avait suffi à faire changer mon regard sur un système économique pour lequel les défenseurs et les opposants s'étaient farouchement fait la guerre, froide ou moins, selon les peuples et les époques. Avec les années, et suite entre autres à la lecture de ce livre fortuit, il devint évident pour moi que nos certitudes ne le sont jamais vraiment et qu'un rien, ou presque, pouvait transformer les miennes.

Je crois aujourd'hui en une multitude de choses, la plupart assez banales. Par exemple, que l'univers est infini et que conséquemment, il doit certainement exister d'autres formes de vie quelque part; que tous les êtres vivants sont liés et qu'une manifestation étonnante de cette croyance réside notamment dans le fait que les plantes auxquelles nous parlons grandissent plus rapidement; que la psyché de n'importe qui est immensément vaste et que les rêves, qui en sont l'une des portes, sont principalement le reflet de nos tensions de la vie réelle; que « qui se rassemble s'assemble » et donc que l'on préfère en général ne pas trop s'éloigner de ses idées; qu'un gouvernement doit investir prioritairement en éducation et offrir aux enfants des cours de physique, de psychologie et de philosophie; que le capitalisme modéré est un bon système économique s'il permet la diffusion libre des idées au plus grand nombre; que le sucre fait carier les dents et que cela est bien dommage, car j'adore le sirop!

Il y a peu de temps, je croyais d'ailleurs aux vertus du sirop d'érable pour la santé, mais aussi au pouvoir de la vitamine C contre la grippe, à l'eau des toilettes qui tourne différemment selon l'hémisphère, au fait que nous perdions la majorité de notre chaleur par la tête, aux autruches qui mettent leur tête dans le sable, à la foudre qui ne frappe jamais deux fois au même endroit, aux contraires qui s'attirent, etc. Pourtant, ces croyances sont, semble-t-il, erronées.

Concernant le sirop d'érable, par exemple, c'est une croyance qui était basée sur un fait scientifiquement prouvé. Des chercheurs de l'Université Laval ont publié une étude en 2013 en vantant les bienfaits pour la santé. Le sirop d'érable contiendrait environ cinq fois plus de polyphénols que le miel, le sirop de maïs et le sirop de riz brun. Les polyphénols aident à réduire le risque de diabète de type 2, d'obésité et de maladies cardiovasculaires. De plus, le sirop d'érable contiendrait une cinquantaine d'autres composés bénéfiques pour la santé. J'avais donc quasiment banni le miel, le sirop de riz brun et le sucre blanc en sachet : je sucrais au concentré d'eau d'érable 100 % canadien!

Certitude ou croyance?

Plus tard, quelques recherches additionnelles m'ont appris que ces conclusions n'avaient été faites qu'en laboratoire, dans des éprouvettes ou chez des rats non diabétiques, et non chez des humains. La quantité à consommer pour pouvoir bénéficier des effets possiblement bénéfiques pour la santé demeurent aussi un mystère. Sans en dire davantage, les articles critiques vis-à-vis de l'étude faite en 2013 rappelèrent que le sirop d'érable demeure surtout un concentré de glucides, et qu'il vaudrait peut-être mieux tout simplement éviter d'en consommer.

Je croyais devoir m'abstenir de consommer du sirop d'érable. J'ai ensuite cru devoir en consommer davantage. Je ne sais maintenant plus du tout.

Bien que simpliste, cet exemple nous rappelle que le questionnement de toutes ces opinions, que nous croyons être des faits, nous fait vite voir que nous en savons ordinairement très peu. Ce que nous tenons pour vrai demeure bien souvent de l'ordre des croyances. Bien sûr, les faits existent. À nos yeux, la matière demeure matière, mais dès lors que ces faits prennent place en notre esprit, ils ne le sont plus entièrement. Dès le moment où ils se lient à d'autres croyances, ils deviennent eux aussi croyances plus que faits. Et même la science la plus stricte ne décrit qu'une fraction de la vérité. Nul ne sait s'il y a plus à découvrir. Comme mentionné plus haut, la science physique en est le meilleur exemple. Les physiciens d'une autre époque auraient tous juré que la matière ne pouvait avoir les propriétés quantiques que nous lui connaissons aujourd'hui. Comme disait Montaigne : « *On est savant que de la science présente.* »

Les croyances prennent racine à des époques déterminées, avec des moyens limités, dans des cultures souvent étroites, dans des lieux définis, et surtout par des esprits humains singuliers. Nos croyances sont ainsi, car elles prennent racine dans le terreau fertile de l'enfance. Enfants, notre cadre de référence en construction sera d'abord celui de nos parents. Même si, avec les années, il aura ordinairement tendance à se définir de manière plus autonome, les préjugés parentaux y auront laissé toutes leurs traces.

***

Je compris rapidement qu'il ne m'était pas possible de juger objectivement de la valeur des croyances des autres, et cela, encore davantage lorsqu'elles étaient éloignées des miennes. Qu'avaient-ils lu dont je ne connaissais rien? Que savaient-ils que je ne savais pas? Que vivaient-ils que je ne vivais pas? Qui étaient-ils que je n'étais pas?

Je trouvai bouleversant, dans un monde où toute certitude est à écarter, de voir à quel point chacun revendique des opinions affirmées, allant bien souvent jusqu'à ignorer, dénigrer, humilier, emprisonner, voire enlever la vie de ceux qui ne partagent pas leur foi, précisément pour cette seule raison qu'ils ne partagent pas leurs croyances.

-21-
LA RELIGION À LAQUELLE ON CROIT

Une religion est aussi vraie qu'une autre – Robert Burton.

La religion a été et sera encore sans doute la source de belles et grandes choses, mais aussi de bien des divisions et de violence sans égale.

La religion est une croyance. Mais en fait, c'en est plusieurs : par exemple, que Jésus, fils de Dieu, est descendu sur terre pour sauver les hommes; qu'il y a une vie après la mort, à l'image de celle vécue sur la terre; que le soutien des plus faibles est la voie vers le paradis, et que le but de la vie est l'atteinte de celui-ci. D'autres croiront que Siddharta est le plus grand homme ayant existé, que l'homme renaît après la mort, que la souffrance naît de l'envie, et que le but de l'existence est la quête du nirvana.

Ces croyances ne sont rien de plus, mais elles ont de particulier qu'elles se suffisent à elles-mêmes. Leurs dogmes, philosophies, pratiques et rites forment un tout qui se veut cohérent et autosuffisant. Et elles se dressent en vérité qu'on ne peut questionner, car le questionnement est l'antithèse de la foi, la foi en quelque chose qui nous dépasse et que nous ne pouvons comprendre complètement, car justement, nous sommes dépassés par elle.

Les religions répondent au vide que porte l'homme en lui dès qu'il prend conscience des limites de sa compréhension, et elles le réconfortent en lui fournissant les réponses à son ignorance. Le judaïsme, le christianisme, l'islam, l'hindouisme, le bouddhisme, le taoïsme, le confucianisme, l'animisme, les religions païennes, les religions dites émergentes, ne sont-elles pas des ensembles unifiés de réponses au *qui sommes-nous, d'où venons-nous et où allons-nous*, qui visent à rendre intelligible à l'homme sa vraie nature ainsi que la nature de toute autre chose?

C'est aussi précisément ce que fait la science.

C'est aussi précisément ce que fait la philosophie.

N'est-ce pas seulement l'esprit humain qui divise la foi, l'observation et la raison? La religion, la science, la philosophie? Leur quête est identique, seul leur moyen diffère. Et on peut penser qu'elles arrivent toutes trois au même résultat.

La religion révélée.

La science démontrée.

La philosophie raisonnée.

L'homme n'est-il pas toujours en quête de sa propre compréhension? Et s'il en est toujours ainsi depuis des temps immémoriaux, n'est-ce pas là plus qu'un simple moyen, mais une finalité? La cause et la conséquence? La compréhension de l'homme, n'est-ce pas là le seul véritable sens de son existence?

Tout comme la science ou la philosophie, la religion qui se trouve au cœur des hommes me semble être une voie merveilleuse pour l'atteinte de cette finalité. Pourtant, dû au fait qu'elles me semblaient inconciliables entre elles, j'ai cru autrefois les religions inférieures à la science ou à la philosophie. Comment, en effet, prétendre que la religion est indiscutable si, de l'une à l'autre, elles semblent avoir des fondements si différents? Que croire dans tout ce dédale de vérités si différentes? Dieu est UN, trois, mille ou plus encore? Dieu pardonne ou il punit? Dieu est en nous, sur la plus haute montagne ou dans les cieux? L'homme est de nature divine ou de nature pécheresse? Après la mort, l'homme se réincarne sur la terre ou il va rejoindre ses proches au paradis?

Personnellement, beaucoup d'hommes religieux contemporains et leurs dogmes m'ont grandement choqué. Je ne pus notamment comprendre que le judaïsme établisse un favoritisme envers le peuple d'Israël, que le christianisme définisse l'homme tel un pêcheur devant se repentir, et que certains islamistes puissent justifier la violence pour la gloire d'Allah. J'étais également heurté par les pratiques impératives de l'hindouisme et du bouddhisme, dont le non-respect peut être puni sévèrement.

Les hommes ont transformé la nature même des enseignements de leurs prophètes. Et nous tous qui avons besoin de guides à suivre, d'éthique de vie, de valeurs à emprunter, nous les avons partiellement travestis. Pourtant, malgré leurs pratiques souvent discutables, elles me semblaient receler une grande vérité.

***

En étudiant ces religions et leurs croyances fondatrices, j'eus une révélation. Je me rendis compte que malgré toutes ces différences, l'essentiel ne change jamais. Derrière les apparences, quelque chose de similaire et de fascinant est au cœur de chacune d'elles.

Ainsi, au début, selon les adeptes du judaïsme, Dieu a choisi son peuple, et le libéra. Moïse reçut les commandements, et la loi de Dieu fut connue. L'homme avait été mis en contact avec l'Être suprême, la Cause première, celui qui dirige la providence et donne un sens à la vie.

Puis, Jésus descendit sur terre afin de livrer aux hommes le message de Dieu le père : l'amour et la sollicitude. Les hommes apprirent donc que Dieu était amour infini, qu'il les guidait et qu'ils étaient faits à son image. Voilà que le christianisme apparut.

Mahomet vint un peu plus tard montrer sa voie à l'homme : l'islamisme. Il lui apprit qu'il était voué à une certaine destinée résidant en la volonté de Dieu, sans aucune possibilité de s'en défaire.

De son côté, depuis des temps immémoriaux, le monde oriental continuait à philosopher. Les religions provenant d'Abraham ne purent remplacer les riches philosophies orientales. Depuis longtemps déjà, les Orientaux avaient appris à écouter l'univers et avaient découvert son rythme. Les philosophies hindouistes révélaient la nature divine de l'homme ainsi que la présence divine en toute chose. Leur fondement : la loi du karma, c'est-à-dire la causalité.

Puis, prenant lui aussi racine comme bien d'autres philosophies dans l'hindouisme, le bouddhisme vint. Bouddha, ou plutôt Gautama, un homme et non un Dieu comme il le rappela lui-même, arriva à atteindre par ses propres moyens l'état de nirvana, et il décida d'enseigner, aux hommes moins sages que lui, l'état des choses. Les caractéristiques de l'existence furent exposées : le non-soi, l'impermanence, l'insatisfaction. Il montra ainsi la voie, accessible à tous, de la transcendance.

Mais il ne fut pas le seul à atteindre cet état et à en partager la connaissance. De par le monde, plusieurs avant et après le prophète firent de même. Dans le monde oriental, certains hommes inspirèrent chacun des siècles qui suivirent. On assista à la naissance et à la renaissance de divers courants philosophiques, par exemple le taoïsme et le confucianisme. Leur enseignement : l'être humain évolue en symbiose avec l'univers. Il est donc bon qu'il place son cœur dans cette voie.

Et un peu partout, depuis toujours, des peuples découvrirent ces vérités. Les Amérindiens comprirent qu'ils ne faisaient qu'un avec la nature, les peuples africains animistes crurent en un seul Dieu prenant forme en toute chose, et ainsi de suite.

Lorsque l'on regarde d'un peu plus près les religions du monde, on découvre un fil conducteur entre toutes : elles tirent leur essence dans l'UN, suprême, causal, régulateur, et elles expriment que l'homme n'en est pas dissocié. Bien au contraire, il en fait partie. Si l'on retourne à leurs racines, c'est là leur enseignement premier. Les religions ne s'avouent pas aisément déterministes, et pourtant, elles réunifient l'être humain à tout ce qui l'entoure et elles lui montrent qu'il ne peut s'en dissocier. Elles lui font voir que ses actions ont des conséquences, et bien qu'elles tentent de le convaincre de la voie à suivre, elles ne le rendent maître de rien. Elles portent toutes en leur sein la détermination des hommes.

***

Contrairement à ce que j'avais cru au départ, cette réflexion, loin de m'en éloigner, m'avait réconcilié avec les grandes religions de ce monde. J'y avais reconnu sa présence dans chacune d'elles. Je devins convaincu que, hormis leurs pratiques, les religions se ressemblent bien plus qu'elles ne diffèrent, car elles partagent la même essence : la détermination du monde. Je compris comment l'essence de la causalité et de l'unicité s'y retrouvent, comment ces essences sont en fait qu'une seule. L'homme semblait alors soumis à un ordre plus grand que lui et il devait mettre son cœur dans cette voie.

J'en fus grandement ému. Cette réflexion concilia, à mon sens, les hommes de toutes les nations. J'eus alors une pensée pour ma sœur, parfois exaspérée par mon athéisme apparent. Contrairement à ce qu'elle avait cru, ma raison ne m'éloigna pas de Dieu. Au contraire, le déterminisme m'avait redonné la foi.

XII – TOUT EST BIEN

Les vices d'autrefois sont devenus les mœurs d'aujourd'hui – Sénèque

Avec les années, j'ai l'impression que ma sœur s'est fabriqué une auréole. Elle voit du bien partout. Des gens bons, bien intentionnés. Elle louange l'altruisme, la bonté, le don de soi. Elle excuse l'ignorance, la faiblesse, l'aigreur. Elle se fait souvent missionnaire des opprimés et bergère des égarés. Elle se fait tout autant pourfendeuse du mal, de la violence, de la destruction des forêts et de l'exploitation des pauvres gens.

Il y a bien là quelque chose de vertueux. Voir le bien. Faire le bien. N'est-ce pas là le seul salut? N'empêche, même si cela est peut-être bon, cela en fait-il quelque chose de vrai?

N'est-elle pas, comme je le suis, conditionnée à aimer la bonté? À force de mémoriser certaines choses, elles nous viennent spontanément sans qu'on y réfléchisse.

Heureux les pauvres… car le ciel est à eux.

Qu'en sait-on vraiment? Elle veut y croire et je pense qu'elle a raison d'y consacrer tant d'effort. Je veux y croire aussi, mais, je ne le peux complètement.

***

Dans l'antiquité, Socrate disait que l'homme ne cherche que le bien.

Mais comment savoir ce qu'est le véritable bien quand il peut se décliner de tant de façons?

-22-
LE BIEN ET LE MAL DES HOMMES

L'homme est la mesure de toute chose – Protagoras.

Jeune, je me refusais à jouer les méchants. J'ai toujours eu un penchant naturel pour les bons de chaque histoire, et j'ai continuellement préféré les histoires heureuses aux histoires sombres. Certains de mes amis d'école auraient pu me reprocher quelques écarts de conduite, mais je suis convaincu de n'avoir jamais été un bourreau pour qui que ce soit... sauf peut-être pour ma sœur avec mes leçons de morale.

Adolescent, je critiquais volontiers ses allées et venues, ses fréquentations douteuses, ses gestes impudiques et ses consommations toxiques. Elle était aussi délinquante qu'une jeune fille de banlieue puisse l'être. Je lui faisais la morale, bien que je sache pertinemment qu'elle détestait cela.

Puis, les années qui suivirent la changèrent. Après ses écarts de jeunesse parfois périlleux, elle fut, dès l'âge adulte, une tout autre personne. Un grand retour du balancier s'opéra. Elle devint sobre, végétarienne, écologiste, altermondialiste, défenderesse des démunis, des défavorisés et de l'environnement. Elle adopta une morale sans faille, circonscrite par les meilleures intentions possibles, et se forgea une éthique des plus enviables où le bien et le mal ont chacun leur place respective bien définie.

Pour ma part, je fus toujours plus modéré qu'elle. Ma jeunesse fut essentiellement constituée de bonnes manières et de bonnes intentions; d'un désir évident de plaire, et d'un penchant naturel envers toutes actions généralement valorisées par mes parents et mes enseignants. Je questionnais peu mes actions, sachant qu'elles étaient ce qu'on encourageait. Mes écarts de conduite ne furent jamais bien importants. Je me guidais aisément avec l'approbation de tous les adultes qui m'entouraient.

Ce n'est que beaucoup plus tard que je commençai à me questionner réellement concernant mes agissements et ceux de mon entourage. Jeune adulte, je découvris, comme la plupart des enfants, que les morales tant de mon père que de ma mère étaient bien imparfaites. J'ose même dire que la morale de mon père souffrait et souffre encore aujourd'hui d'un certain nombre d'incohérences. À titre d'exemple : de confession catholique, il n'a jamais été pratiquant et n'a pas cessé de critiquer les dogmes de cette religion. Pourtant, il a décoré sa cage d'escalier de tableaux bibliques! Autre exemple : il s'est toujours défini comme un amoureux de la nature. Malgré cela, sa conscience écologique est à peu près inexistante. Lorsque je lui parle de sa consommation d'essence ou du fait de faire brûler n'importe quoi dans son foyer, il me répond que les vrais pollueurs sont les transporteurs aériens et donc, que sa seule action ne change rien au compte. Comme nous tous, à des degrés divers, il a la fâcheuse habitude de tenter de justifier chacune de ses actions et se permet de juger celles des autres.

Il est d'ailleurs facile de critiquer les agissements d'autrui et de justifier les siens. Plusieurs mécanismes psychologiques sont à l'œuvre et nous empêchent d'objectiver réellement ce que nous faisons et, conséquemment, d'objectiver qui nous sommes. Lors de mes études en psychologie sociale, j'ai étudié une théorie m'ayant profondément marqué : l'erreur fondamentale d'attribution, aussi appelée biais d'internalité. Introduite en 1977 par un certain Lee Ross, il s'agit de la tendance générale des individus à sous-évaluer les causes externes au profit des causes personnelles qui, elles, sont surestimées. Par exemple, un individu ayant une belle carrière attribuera celle-ci à sa personnalité, ses efforts, ses talents, et non pas au milieu qui lui a permis de faire les études appropriées, et à la chance qu'il a eue de rencontrer les bonnes personnes aux bons moments. À l'inverse, un individu dont la vie professionnelle n'est pas ce qu'il aurait souhaité attribuera ses possibles échecs non pas à son manque d'effort, de talents ou à sa personnalité mal adaptée aux emplois qu'il convoite, mais à son manque de chance, à son manque de ressources financières, aux gens malintentionnés des milieux de travail qu'il aura fréquentés, etc.

En somme, ce biais cognitif revient à attribuer systématiquement à l'individu la responsabilité de ses actions, bonnes lorsqu'elles le concernent, mauvaises lorsqu'elles concernent autrui, et il s'expliquerait par un besoin de contrôle qu'a l'individu sur sa vie, par un besoin de justice sociale et par un besoin de compréhension et de prévisibilité. Une personne ne peut jamais juger objectivement ses propres actions. La moralité d'un individu envers lui-même et autrui souffre d'un double biais qui fausse tout. Pourtant, qui dirait de lui-même qu'il est amoral ?

***

La morale, en tant qu'ensemble de règles de conduite relatives au bien et au mal, de devoirs et de valeurs qui s'imposent à la conscience individuelle ainsi qu'à la conscience collective, est un objet récurrent de la philosophie. Il y a plusieurs années, je fus intrigué par Kant et son principe éthique. Ce philosophe a plaidé en faveur d'une morale indépendante de toute conséquence. Par exemple, le fait de mentir étant jugé non éthique, il n'en sera jamais autrement, peu importe les conséquences de dire toujours la vérité, même si cela a pour conséquence la mort d'un homme. Kant disait que pour être jugée morale, l'action d'un homme devait pouvoir être érigée en loi universelle.

À l'opposé de Kant, il y a la morale conséquentialiste. Pour une morale de ce genre, une conduite sera jugée éthique si les conséquences d'un acte sont plus bénéfiques que défavorables. L'intention n'est donc pas ce qui prime. La finalité le sera davantage. Et là, plusieurs approches peuvent être retenues, à savoir à qui profite le plus cette conduite : à l'individu, à la société, à la planète... L'éthique conséquentialiste peut prendre de multiples facettes, mais la notion la plus commune en est certainement l'utilitarisme. Pour l'utilitarisme, ce qui prime est le bien-être global de l'ensemble des individus.

Au fil de mes lectures, je me posais maintenant ces questions avec avidité. Ce qui me semblait d'abord simple et naturel, m'apparaissait beaucoup moins évident sous la lunette déterministe. Était-ce l'intention ou la finalité qui devait primer? La fin justifiait-elle les moyens comme le prétendait Machiavel? Commettre un acte horrible, mais pour un plus grand bien, était-ce... bien?

Je m'interrogeais aussi sur les fondements même de la morale. Alors que pour certains, ces fondements semblaient absolus, pour d'autres, ceux-ci n'étaient que relatifs. Les fondements absolus étaient dits indépendants de l'homme. Pour les uns, des lois naturelles, des commandements divins ou encore ce que nous commande la raison étaient à la base de la morale. Pour d'autres, la morale puisait ses racines dans la société ou encore était définie seule par l'individu.

En somme, les fondements de la morale, ce qui tranche la ligne entre le bien et le mal, étaient-ils immuables ou relatifs?

Un examen attentif mettait en lumière les contradictions évidentes de toutes ces pensées. Évidemment, comme pour la morale individuelle, des gens étaient aisément capables de justifier chacun de leurs penchants moraux, qu'ils soient absolus ou relatifs, conséquentialistes ou indépendants de tout le reste. Finalité ou intention? Fixe ou changeant? Le fondement de la morale était-il indépendant de l'homme ou est-ce lui qui en était toute la mesure? Cette contradiction me semblait bien exister au sein de chacun. Conséquemment, notre façon de vivre me semblait ne pouvoir s'appuyer sur aucune certitude.

***

Comme je le mentionnais, le sujet de la morale est intimement lié à Kant. Ce philosophe fit primer la déontologie. Pour ce dernier, l'éthique ne saurait souffrir d'aucune exception. Le mal résiderait en des paroles et des gestes ne répondant pas aux devoirs de l'homme : le devoir de non-malfaisance, le devoir de justice, le devoir de faire sa juste part, etc.

Mais devons-nous juger un homme s'il est déterminé par ce qu'il est et ce que sa vie en a fait? Devons-nous le juger de ne pas avoir respecté ses prétendus devoirs? Devons-nous encenser celui qui les respecte? Poser la question est y répondre.

Ensuite, du côté des conséquentialistes comme Bentham, on estime moral un acte dont la tendance sera l'accroissement du bonheur des parties. On jugera utile et donc moral quelque chose qui a tendance à engendrer du bien-être, de la joie ou de la sécurité, par exemple. Cette morale est celle de notre siècle et des derniers siècles passés. A priori, elle semble aisément défendable, mais ne l'est pas pour autant.

Au-delà de sa difficulté pratique consistant dans la définition et dans la mesure du bonheur, peut-elle survivre à l'essence déterministe? Dans la mesure où rien ne peut être autrement; où l'homme est dicté dans ses agissements par les différentes variables qui font de lui ce qu'il est; où l'on ne peut être certain que le bonheur soit la finalité à atteindre ou qu'il y en ait même une qui doive être recherchée; où l'homme ne peut jamais penser juger objectivement les choses, car il est lui-même biaisé; l'acte moral conséquentialiste est certes pratique dans nos sociétés, mais comment le considérer comme absolu?

Il ne faut pas non plus oublier les fondements de ces deux grandes morales. En ce qui concerne les fondements indépendants de l'homme, si ce sont des lois naturelles, considérons qui les commandent et surtout les interprètent. Ce sont des hommes déterminés. Si ce sont plutôt des commandements divins, ne peut-on pas faire le même raisonnement? Si, selon certains, nous devons plutôt voir la raison comme le fondement à retenir, elle semble bien davantage un outil qu'un principe sur lequel s'appuyer. Prenant naissance dans l'homme, comment s'assurer de son objectivité? Ces principes sont assurément biaisés, tout comme les hommes qui les adoptent.

Les fondements relativistes sont-ils différents? En fait, ils sont exactement les mêmes : lois prétendument naturelles, commandements apparemment divins et raisonnements incertains, tout cela s'intègre à la culture d'une société, qui dès lors s'impose à l'individu.

***

J'avais donc cru au bien et au mal, mais après cet examen, je n'y croyais plus. Et dès ce moment, je dus laisser tout jugement en suspens. Comment pouvais-je encore prétendre que l'un est bon et l'autre non si d'aucuns ne peuvent y faire quoi que ce soit? Si tous les comportements et tous les gestes qui en résultent prennent racine dans les variables innées, acquises et environnementales de l'individu? Comment pouvais-je juger de ce qui ne pouvait être autrement? Je ne fis donc plus la morale à qui que ce soit, pas même à ma sœur.

Il s'agissait d'une évidence : le bien et le mal n'étaient pas absolus. N'étant pas absolus, les devoirs et les valeurs, individuelles et collectives, ne pouvaient l'être davantage. Il s'ensuivait que la morale ne pouvait jamais être érigée en dogme. Il fut d'ailleurs aisé de m'en convaincre : il est des lieux où la morale se définit tout autrement. Les peuples ne jugent pas tous de manière équivalente la famille, la communauté, l'honneur, la piété, la richesse, la connaissance, la terre. Et même ici, l'époque de mes parents avait été bien différente de la mienne, avec ses préjugés de toutes sortes qui n'étaient plus tout à fait les mêmes à présent.

Cette réflexion me fit cesser tout jugement, et je me sentis soudain plus près de tous ceux que je croisai. Comment aurais-je pu encore les juger s'il n'était point d'absolu?

-23-
CONDAMNATION DU DROIT ET DE LA JUSTICE

Le bon juge condamne le crime sans condamner le criminel –
Sénèque.

J'ai toujours eu une fascination pour les grands procès et leurs jurys. Le pouvoir de simples citoyens sur la vie d'individus est pour le moins déconcertant. Des gens déterminés et construits de tous leurs préjugés jugent à leur tour les actes de pauvres bougres qui, eux aussi déterminés, ont agi de manière socialement répréhensible. Le système de jury, partie intégrante du système de justice canadien, puise ses origines de l'Inquisition. Au début du Moyen Âge, l'Inquisition fut un tribunal institué par l'Église catholique pour combattre l'hérésie, en faisant appliquer aux personnes ne respectant pas les dogmes catholiques des peines variant d'une simple prière à la peine de mort. À une autre époque, l'écriture de ce livre hérétique aurait donc pu me valoir un procès en bonne et due forme et causer ma mort, le tout selon l'appréciation des membres du jury rassemblés spécialement pour moi.

***

Le droit et la justice sont évidemment intimement liés à la morale.

Le droit est par définition un ensemble de règles et de normes qui régissent les rapports entre individus. La justice est un principe moral exigeant le respect du droit et de l'équité ainsi qu'un pouvoir d'action fondé sur les lois.

Mais le droit n'est-il pas la dissolution d'une morale fixée dans le temps qui, de temps à autre, rattrape partiellement son retard? Des lois sont créées, amendées, interprétées, réinterprétées. Elles prennent naissance et évoluent avec nos sociétés qui, elles, évoluent toujours plus rapidement que le droit qui les suit poussivement. Les procureurs et les juges constituant ce qu'on appelle la justice, ne sont-ils pas que des individus plaidant et jugeant à travers le guide des lois ainsi qu'à travers la lentille de leurs propres biais personnels?

Le droit occupe aujourd'hui une place prépondérante dans nos sociétés, et la justice, une place non négligeable dans nos vies. Nos relations, nos comportements et nos libertés sont largement ceinturés. Chacun a ses droits et ses devoirs. Le Contrat social de Rousseau nous encadre, et y faire abstraction peut nous mettre à l'amende, nous conduire en prison ou même, à certains endroits, permettre à d'autres de nous enlever la vie. La justice juge, mais elle peut aussi tuer.

Au Canada, depuis son abolition, la peine de mort n'est guère un sujet courant. Pourtant, elle n'est pas le vestige d'un passé si lointain. La dernière exécution au pays date de 1962, et son abolition complète pour tous les crimes date de 1998. Il ne faut d'ailleurs pas croire que celle-ci ne reviendra jamais. Chez nos voisins américains, après un moratoire d'une dizaine d'années, la peine de mort a été rétablie en 1977. En 2016, 28 États américains pratiquaient toujours la peine de mort. Conséquemment, seulement 22 ne la pratiquaient pas. Cette même année, 20 personnes ont été exécutées. Depuis 1977, on en compte 1448 au moment où j'écris ces lignes. Dans le monde, bien que la majorité des pays l'aient abolie, il en reste tout de même 57 qui l'ont maintenue et l'applique, soit près du tiers des pays de la planète.

Plus jeune, je me rappelle avoir été farouchement en opposition à la peine de mort et encore aujourd'hui, le jugement que nous portons sur les criminels me fait frémir. Un homme a tué ses enfants. L'autre a violé une femme. Un autre en a fraudé des centaines, voire des milliers. Combien de fois ai-je entendu dire par des collègues, des amis ou encore des membres de ma famille : « Ces personnes méritent la mort! ».

Nos guides sont incertains et largement biaisés. La justice se basant sur ces mêmes biais ne peut, conséquemment, qu'être imparfaite.

Pourtant, elle continue de nous juger tous et se dresse parfois en despote.

***

Au cours de mes réflexions, je m'amusai à jouer les juristes. J'imaginais, par exemple, un homme d'une autre époque ayant écrit un livre qui aurait été mis à l'index par les catholiques romains du concile de Trente. Un livre interdit, car immoral, pernicieux, ne plaçant plus l'homme et sa foi en Dieu au centre de l'univers. Pire, un livre évoquant l'absence d'une âme véritable chez les hommes.

Pour le juger, je m'attardai d'abord aux fondements de la morale, mais ceux-ci m'apparaissaient désormais trop friables pour constituer une véritable assise. Plus pragmatique, je me concentrai alors sur les fondements du droit et de la justice. On en propose d'ordinaire trois, soit la force, l'utilité et l'idéal de justice.

Je les étudiai donc afin de voir le sort devant être réservé à cet homme et son ouvrage.

Je débutai par la force. Ce fondement dicte que le plus fort impose sa volonté aux autres. Hobbes y faisait référence. Hegel, Machiavel et Nietzsche aussi. Je préfère ici rappeler Rousseau, lui-même mis à l'index, dans son discours sur l'inégalité qui évoquait l'homme dans l'état de nature, où seule la force est la mesure de toute chose. En tant que juge, la vie de cet homme n'aurait pu reposer ici que sur mes croyances et ma seule envie.

Je m'attardai ensuite à l'utilité. Mill, lui aussi mis à l'index, en a été le défenseur. Est bon ce qui est utile. Dans ce sens, est juste ce qui est bon. Cela fait aussi penser au Contrat social de Rousseau, pour qui l'homme met de côté en partie sa liberté naturelle au profit d'une liberté civile lui garantissant prétendument l'égalité avec ses pairs. Nos sociétés occidentales puisent encore beaucoup dans ce fondement.

Malheureusement, malgré son apparente simplicité, cette assise cachait une difficulté bien plus grande : qui peut vraiment dire ce qui est utile? Ce qui est bon pour la majorité des hommes? N'est-ce pas une réflexion qui tourne en rond? Est bon ce qui est utile. Est utile ce qui est bon? Qu'est-ce qui est véritablement bon pour l'homme? Son émancipation économique, familiale, spirituelle, philosophique? Et pourrions-nous aussi évoquer ce qui est bon pour la nature? L'homme doit-il être priorisé à tous égards?

Comment pouvais-je alors juger cet homme? Ses idées étaient-elles bonnes ou mauvaises? Mauvaises pour qui ou pour quoi? Dans l'anticipation d'un désordre moral fragilisant l'ordre établi, la vie de cet homme n'aurait pu reposer, ici encore, que sur mes croyances et ma seule envie.

Un dernier fondement m'apparut plus substantiel : l'idéal de justice. Montesquieu, Kant, Rousseau (une fois de plus, tous trois mis à l'index). Pour ces penseurs, il existerait une essence inférieure, celle des instincts, qui doit être délaissée au profit d'une essence supérieure, celle de la raison. C'est aussi ce qu'évoque la théorie du droit naturel, inné à tout homme et qui s'impose à tout esprit raisonnable. Nos chartes des droits et libertés ne sont-elles pas d'ailleurs autant de tentatives de définitions de ce que l'on considère ordinairement comme droit naturel? Pour rappeler une fois de plus Rousseau, l'homme dans l'état de nature répugne-t-il vraiment être témoin de la souffrance d'autrui? Au-delà de la force et de l'utilité, existe-t-il une essence vertueuse guidant l'être humain? Pour ces philosophes évoqués plus haut, il est indéniable que l'homme pensant est doté d'un algorithme moral.

Cet homme fictif, propageant des idées immorales, je le jugeai donc coupable! Mais la morale, comme je le savais désormais, était aussi fragile qu'une feuille au vent. La vie de cet homme n'aurait donc pu reposer, ici encore, que sur mes croyances et ma seule envie, mais la suspension de mes croyances me fit voir les choses bien autrement.

Il est indéniable que les hommes ont une essence morale. Mais il m'apparaissait désormais tout aussi avéré que l'algorithme moral, cette essence prétendument supérieure, n'était qu'une manifestation de l'inné humain, conclusion de l'évolution de Darwin, et de l'apprentissage que fait chacun au cours de sa propre vie. Au final, l'algorithme moral n'est-il pas simplement la détermination individuelle? C'est du moins ce que j'en compris.

La justice, et encore davantage le droit qui en est son application, m'apparaissaient tout, sauf immuables. En fait, ils m'apparaissaient tel un collage de principes, de coutumes, de morale; le tout parfois imposé par la force et justifié par l'utilité. C'est d'ailleurs ce qui me semblait expliquer le mieux les divergences si importantes entre la justice et les lois de par le monde.

***

Consciemment ou non, l'idée de détermination rebute plusieurs esprits qui y voient la désagrégation de la justice : si l'on ne peut plus juger, cela implique-t-il qu'il nous faut désormais accepter l'inacceptable : la violence, le vol, le viol? Ce n'est pas le cas. Le juge, même déterministe et déterminé, peut juger dès le moment où il prend conscience des limites de son jugement. Il doit mettre de côté l'idée d'une justice naturelle infaillible, d'une moralité sans faille dont les textes de droits sont les règles, au profit d'une justice relative dont les fondements ne sont pas fixes dans le temps. Il doit voir que le but de la justice est la recherche de l'utilité pour le plus grand nombre ; utilité définie selon la morale de l'époque. Il ne punit pas, il prévient, retient, isole, et au mieux, corrige. Il traite le malfaiteur comme un arbre défectueux ou malade que l'on redresse ou que l'on soigne, et il accepte que certains ne puissent être corrigés ou guéris. Cela ne peut néanmoins justifier que la société s'en désengage.

Les hommes sont responsables vis-à-vis de la société, tout comme la société est responsable de ces derniers. Le criminel doit être vu tel que l'aveugle. Même si cela se fait de manière imparfaite, le juge doit, par son jugement, évaluer le risque que représente l'individu pour lui-même et pour les autres. La société sera donc justifiée d'emprisonner l'individu incriminé. Cela ne sera pas fait par vengeance ni même en guise de punition, mais par nécessité. De la même façon, l'aveugle ne sera pas autorisé à conduire un véhicule sur la route ou encore, il pourra être discriminé en emploi si les tâches inhérentes à cet emploi requièrent la vue.

Cette réflexion pourrait-elle justifier la peine de mort? Certains prétendront que oui, mais si une société a d'autres moyens de protéger ses individus, tel l'emprisonnement, je préfère croire que non. Devant ce relativisme absolu, cette incertitude complète par rapport à la moralité, et surtout, reconnaissant la dignité de chacun, peu importe sa condition physique ou mentale, la société devrait, me semble-t-il, éviter d'être elle-même meurtrière sans absolue nécessité.

Personnellement, comme je les aime infiniment, et peu importe leurs actes présents ou futurs, je ne pourrais accepter le meurtre de ma femme ou de l'un de mes enfants. La justice doit se faire pour l'amour des individus et non pour la haine que certains de leurs comportements nous inspirent.

XIII – TOUT EST AMOUR

Tout raisonnement sur l'amour le détruit – Léon Tolstoï

Bien qu'il soit parfois difficile de le faire, ma sœur s'obstine à aimer tout ce qu'elle peut. Elle aime sa fille, son chum, sa famille, ses amis, son chat, tous les humains qu'elle connaît et ceux qu'elle ne connaît pas. Elle aime aussi les arbres, les roches, les bibittes et la bouette. Pour ainsi dire, elle aime l'univers tout entier!

Pour elle, l'amour n'a pas de frontières et elle chérit son partage tant qu'elle le peut. Elle adore les groupes de gens se tenant la main, respirant à l'unisson et persuadés de la communion de leur cœur avec l'énergie divine qui ne cherche qu'à les unir. S'ils sont sans emploi, roulent à vélo, ont un jardin communautaire et parlent d'une voix si douce qu'incompréhensible, alors là, c'est l'amour fou!

L'amour avec un grand A est pour elle une finalité et elle ne veut pas trouver les raisons qui le justifient. Il est pour elle suffisant en soi et ne nécessite pas qu'on le questionne. Ma petite sœur semble infiniment naïve, mais en fait, c'est qu'elle s'efforce de l'être.

Et pourtant...

Malgré cette naïveté consciente, il y a bien dans l'amour quelque chose d'intemporel et de transcendant. Quelque chose qui semble momentanément s'extirper de la raison. Surtout lorsqu'il dépasse l'union de deux êtres pour embrasser plus largement le grand nombre. Je conçois bien l'amour que je ressens comme une conséquence des variables de mon être, mais il est peut-être la seule chose qui dépasse véritablement les bornes de mon individualité et me laisse présager d'une plus grande vérité.

C'est un peu comme si mon cœur savait depuis toujours ce que ma tête croit lui dire pour la toute première fois.

-24-
LE DÉSIR ET LA PASSION FONDAMENTALE

Le désir est [...] l'effort par lequel l'homme s'efforce de persévérer dans son être – Baruch Spinoza.

Avant l'amour, il y a bien souvent le désir.

Le désir est une force fondamentale pour l'homme. Lorsqu'il devient passion, il lui en fait oublier tout le reste. Certains s'y abandonnent. D'autres s'y refusent. La plupart, comme moi, s'y livre, mais avec modération, incertains quant au moment où la force devient destruction.

***

Je me rappelle de la passion folle que j'ai eue pour Émilie.

Cette passion n'était pas née d'une rencontre fortuite au coin de la rue ni même par l'intermédiaire d'un ami. J'avais rencontré ma femme et mon alter ego de la façon la moins romantique qui soit. Internet faisait son entrée dans la plupart des maisons. Mon père avait acheté un ordinateur. Il y perdait beaucoup de temps pour des choses fort discutables. Ma mère le savait, mais n'en disait mot. Lorsqu'elle pouvait y mettre la main, ma sœur devenue adolescente découvrait les joies du clavardage. MIRC. ICQ. QuébecNet. Elle avait fini par piquer ma curiosité. J'avais moi aussi fait quelques connaissances virtuelles depuis les dernières semaines. *ASV svp*?

À l'époque, plusieurs questions existentielles étaient déjà présentes à mon esprit. Ce n'était encore rien de défini. Au mieux, un charme supplémentaire. Au pire, un peu de confusion parfois.

C'était la période des fêtes. J'avais pris comme surnom virtuel original : *Moi.* Elle s'était surnommée, sans moins d'originalité, *Windy*. Peu importe, c'était Elle. Nous avions échangé quelques mots. Ne connaissant pas encore les coutumes du clavardage, nous avions partagé nos adresses et numéros de téléphone à peine quelques minutes après avoir su que nous habitions près l'un de l'autre.

Nous nous étions téléphoné, parlé, plu. Puis, ce fut le temps des rencontres. Je présentais Émilie à ma famille et elle apprenait à me connaître aussi à travers eux. Nous nous étions alors désirés, aimés, adorés! Elle était belle avec ses petites fesses et ses tresses blondes. J'avais le désir qui brûle et la passion vive. J'avais le cœur battant et la tête qui s'emballe. J'adorais cela. Assez rapidement, aucune matière ni même aucune fatigue ne pouvait me la sortir de la tête. J'y trouvais toute ma raison d'être. Elle était à moi et moi à elle. Mes angoisses existentielles s'évanouirent complètement. Elle était la seule source de mes préoccupations. Le désir devenait passion.

Et cette passion dura un certain temps. Peut-être une année ou un peu plus. Puis, elle s'évanouit tranquillement pour faire place à autre chose. L'amour naissant, le désir se faisait un peu moins pressant.

***

Une chose que la vie nous apprend est que la satisfaction complète d'un désir en est sa fin. Le véritable plaisir du désir est la force en soi qui en émane. Désirer, c'est se sentir animé d'une puissance peu commune qui promet de perdurer dans le temps, mais qui, bien sûr, dès lors où le désir est satisfait, s'évanouit peu à peu en nous.

Certains s'y abandonnent complètement et s'y perdent aussi souvent qu'ils le peuvent. Mais qu'est-il exactement cet état d'excitation? De la grâce ou de la folie? Un état naïf ou clairvoyant?

En ce qui concerne le désir amoureux, maints articles scientifiques y ont été consacrés. La science fournit quelques éléments de réponses. Les neurobiologistes s'attardent à cerner les zones du cerveau qui s'activent dans le processus amoureux. Libération d'adrénaline et de dopamine, augmentation du rythme cardiaque, vasodilatation des vaisseaux. Puis vient la phényléthylamine, une espèce d'amphétamine naturelle, et ça y est, c'est l'euphorie et l'excitation. La passion est née!

Dans un deuxième temps plus ou moins long, les amphétamines naturelles saturent et perdent ainsi toute action. Le relais est pris par l'hypophyse qui sécrète la vasopressine et l'ocytocine, l'hormone, dit-on, du premier attachement qui lie la mère à son enfant. Avec la dopamine, ce cocktail hormonal crée l'attachement. Et voilà que l'état amoureux devient un acte véritablement aimant.

Le mythe amoureux ainsi abordé perd beaucoup de sa mysticité. Toutefois, c'est un fait, les désirs et les passions ont immanquablement une origine biologique. C'est le bagage génétique de l'Homme qui les commande sans cesse et cela n'est pas sans rappeler leur importance en lien avec l'évolution de notre espèce. Ces sentiments amoureux, ne sont-ils pas nécessaires pour la reproduction? Il est raisonnable aussi de penser que l'homme, pour sa conservation, bénéficie grandement de ces apports de plaisirs provoqués par le désir. L'amour, celui qui lie un être à un autre, est nécessaire, vital. Sans lui, l'édifice de l'humanité serait impossible.

On me dira que la biologie n'a pas réponse à tout et je suis d'accord. L'éducation, les valeurs et la société doivent aussi être considérées. Mais on remarquera que ce sont tous des éléments de conditionnements, tous des éléments acquis.

Plusieurs études aisément accessibles ont cherché à identifier les principaux traits attirant le sexe opposé. Dans nos sociétés occidentales, les conclusions sont presque simplistes, tellement on pouvait s'y attendre. Du côté des hommes, l'apparence physique est le premier critère en importance et ce qui s'apparente à une bonne fertilité est inconsciemment primé : des courbes avantageuses, de bonnes proportions, une apparence féminine. Chez les femmes, l'apparence physique prévaut également, mais pour des raisons différentes. De ce côté, il est recherché un homme protecteur. Pour certaines, en fonction des acquis sociaux, cela se traduira par une musculature forte, pour d'autres, par un esprit cultivé, et d'autres encore seront très attirées par un statut social.

Ici, c'est l'amour dans sa plus simple réduction dont je parle. Guidé par le désir, avant que l'affection ne prenne véritablement le pas. Cela ne dure jamais vraiment longtemps. N'empêche qu'il est prouvé que la sexualité chez les partenaires crée l'attachement. Les hormones de bien-être que nous procure la relation sexuelle avec l'autre envoient un message répété à notre cerveau, indiquant que cette personne nous fait du bien. L'attachement n'y est donc pas conditionnel, mais il y est certes encouragé de cette façon. À l'inverse, lorsqu'il est satisfait trop rapidement, le désir s'évanouit tout aussi vite.

Inné ou acquis. Le désir est déterminé et ne peut pas s'en soustraire. Peu importe, n'est-ce pas là un accès momentané au bonheur?

-25-
LE BONHEUR D'UN INSTANT

De quoi jouit-on dans une pareille situation [l'état du bonheur]?
De rien d'extérieur à soi, de rien sinon de soi-même et de sa propre
existence; tant que cet état dure, on se suffit à soi-même, comme Dieu
– Jean-Jacques Rousseau

J'avais beaucoup réfléchi. Beaucoup écrit. La fin approchait.

***

Au fil de cette réflexion qui devint mon histoire, je cherchai la conciliation de mon cœur et de ma tête dans l'espoir d'y trouver le bonheur. Je ne savais pas trop où ces deux choses amèneraient mon âme, mais je souhaitais qu'il en résulte une finalité heureuse.

Qu'est-ce qui pouvait compter plus que le bonheur après tout?

En quête de bonheur, j'avais aimé et avais su me faire aimer de ma famille. J'avais pris part à leurs histoires personnelles et collectives. J'avais fait mienne les peines et les joies de mes proches. À la recherche du bonheur, j'avais aussi prié et rêvé un certain temps en un Dieu plus grand que moi. Pour le bonheur, j'avais aussi tenté de vivre, à l'unisson avec des amis de mon âge, les aventures de l'adolescence. Un peu plus vieux, j'avais moi aussi milité et m'étais engagé dans une société plus juste. Pour le bonheur, je m'étais construit un bagage de connaissances afin de comprendre le monde qui m'entoure et échanger avec d'autres esprits curieux. Puis, le bonheur en tête, j'étais devenu mari et père de deux garçons.

***

Aujourd'hui, je dors tous les soirs avec Émilie et me réveille tous les matins avec l'un ou l'autre de mes fils, heureux de me raconter ses rêves. Je vois aujourd'hui dans leurs yeux toutes les questions qu'ils se posent déjà et celles qu'ils se poseront avec les années. Je vois en eux beaucoup de moi. J'adore les entendre rire et s'émerveiller de petites choses que j'ai pour ma part oublié d'apprécier, depuis le temps de ma jeunesse de plus en plus lointaine.

Suis-je heureux?

Il n'y a pas de réponse à cette question. Je sais toutefois me surprendre de temps à autre à sourire largement. Cet état, je le vivais autrefois, étant plus jeune, à travers le regard de mes amis, les succès momentanés, les rires inattendus. Aujourd'hui, selon les aléas du quotidien, je le vis dans ce qu'il a de plus banal et de plus extraordinaire parfois. Suis-je heureux? Je vis plutôt sur un continuum qui parfois s'en approche et parfois s'en éloigne.

Et de toute manière, qu'est-ce que le bonheur exactement? Tous les hommes y font référence, mais qui en a une définition claire?

On évoque souvent que le bonheur est la satisfaction des besoins et des désirs. Certaines philosophies évoquent plutôt l'absence de douleurs physiques et de troubles mentaux. Épicure, lui, évoquait la tempérance. Aristote, la conformité à la raison et à la vertu. Les stoïciens, l'absence de troubles de l'âme et l'appropriation de soi-même. Plus pessimiste, Schopenhauer évoquait la négation du vouloir-vivre permettant de se départir de la souffrance inhérente à l'existence. Kant tirait simplement un trait sur tout cela. Pour lui, le bonheur est un idéal de l'imagination. La satisfaction des désirs est impossible. Point. Plus simplement, pourrions-nous dire que le bonheur est un état de bien-être? Comment « être bien » dans ce cas?

Les recherches en psychologie montrent que certains ingrédients sont partagés par les gens heureux. Qu'ont-ils en commun?

Ils donnent un sens à leurs actions, ils contribuent au bien-être des autres, ils ont un bon réseau social et ils croient à quelque chose de plus grand qu'eux. Les recherches identifient également, et de façon certaine, deux grandes sources au bonheur d'un individu : sa génétique ainsi que la vie qu'il a eue, a et aura, c'est-à-dire le milieu dans lequel il évolue et les événements de son quotidien. Inné. Acquis. Tout y est.

Que je sois heureux ou non, je suis conscient que cela ne tient pas à ma volonté, mais davantage à ma génétique, à la société dans laquelle je vis et aux événements de mon quotidien qui sont tous déterminés. Lorsqu'au contraire, je sens ma vie moins heureuse qu'elle devrait l'être, je tente de me rappeler cette même chose.

***

Je suis seul en ce moment, m'imaginant parler de vive voix à mon père, à ma mère et à ma sœur.

J'approche la fin de ce livre, de cette histoire, qui m'a martelé l'esprit depuis plus de 10 ans. Depuis longtemps, j'avais envie d'écrire tout cela. Je dirais même que je pressentais y être déterminé. Je respire à pleins poumons l'air qui m'entoure. Sans aucune retenue. Sans aucune attente. Sans aucun regret. Je souris bêtement. Je me sens satisfait de tout. Je suis, à cet instant précis, complètement satisfait d'être là où je suis, comme je suis. Tout est parfait. Je suis bien, vraiment bien.

Je suis... heureux!

Voilà que je connais une fois de plus le bonheur en ce mardi d'automne, à 16 h 31 précisément. C'est euphorisant. Chaque instant de ma vie culmine ici. Je respire encore de toutes mes forces, tentant de prendre en moi le plus d'air possible, car je me sens soudain capable d'y faire toute la place.

Voilà la résultante de tout ce qui fut avant. Les joies et les peines font partie de l'équation qui me mène au bonheur de cet instant.

La brièveté d'un moment, c'est une équation parfaite. Ma vie, à cet instant infime, vaut toutes les peines qu'elle a connues. Elle s'émancipe, elle s'envole. Elle est à son apogée.

Puis déjà, l'instant s'évanouit tranquillement. Une pensée fugace est venue briser l'équilibre fragile de ma félicité. J'ai connu le bonheur une fois de plus. 16 h 32 : il s'efface maintenant peu à peu.

Tant pis.

Voilà le bonheur, celui qui est en flottement, comme en attente perpétuelle en moi : un instant bref où j'ai vu là où ma vie m'emporte, un instant bref surtout où je l'ai aimé pleinement.

À mon sens, le bonheur n'est pas spécifiquement le bien-être physique ou mental, encore moins l'absence de douleur. Non, il n'est pas le succès financier ou la reconnaissance professionnelle. Il n'est pas non plus l'amour d'un conjoint, les yeux d'un enfant ou l'amitié sincère. Il n'est même pas la poursuite de ses rêves, ni même leur atteinte. Encore moins l'exaltation des sens.

Le bonheur, c'est un instant bref où la vie s'accepte pleinement jusqu'à s'aimer infiniment. Le bien-être, le succès, l'amour, l'exaltation des sens peuvent y conduire, mais ils ne restent que des véhicules.

Et surtout, il n'est pas une fin, mais une conséquence de tout ce qui le précède.

Mon cœur en est convaincu même si le sien s'en moque…

XIV – ELLE

[...] il en est ainsi, nous dormons. [...] Notre vie est comme un rêve. Dans les meilleures heures, nous nous éveillons juste assez pour reconnaître que nous rêvons
— Ludwig Wittgenstein.

Elle a fait une petite pause dans sa vie, le temps d'une lecture. Elle fut la première à lire l'histoire de mes gloires et de mes doutes. Elle m'écoutait parler à outrance de psychologie et de philosophie. Elle m'entendait la harceler de ma subjectivité en décriant la sienne. J'ai théorisé devant elle toutes mes conclusions personnelles et historiques. J'ai démonté l'une après l'autre ses croyances et ses idéaux. Je lui ai même suggéré que l'amour que nous avions l'un pour l'autre était conditionné, tuant ainsi tout le romantisme possible.

Lorsque je lui parlais de nos envies qui nous tiennent en esclavage, elle me rappelait le plaisir de l'assouvissement. Lorsque je lui parlais de tous nos conditionnements modelés dès l'enfance, elle me rappelait qu'ils sont aussi la source de mes questionnements d'aujourd'hui. Lorsque je lui parlais de tout ce qui nous entoure et nous tient sous le joug, elle me rappelait qu'il ne peut, de toute manière, en être autrement.

Elle demeura vivante, pas le moins du monde bousculée comme je le fus. Elle fit une pause dans sa vie, puis la vie reprit son cours sans autre soubresaut.

Jour après jour, même si consciente de rêver, elle s'en moquait. Elle me disait avoir cela en elle, avoir l'inné émotif et l'acquis optimiste. La tête ne valait pas qu'on s'inquiète pour elle et le cœur avait ses raisons que la raison ne comprend pas. En fait, le cœur transcendait la raison, car la tête était limitée à ses dispositions et à ses conditionnements, là où le cœur, lui, ne connaissait pas ces limites. Il ne lui suffisait que d'aimer pour embrasser tout ce qui a une réelle valeur.

Y a-t-il vraiment une vérité qui dépasse l'entendement, une vérité qui s'extirpe de toute réflexion? Ce qu'elle pressent, serait-ce l'amour avec sa plus grande majuscule?

Ce que je sais, c'est que l'amour que j'ai pour elle n'est pas qu'un simple désir dont le calcul peut être fait. Il est plus que cela. Il est comme celui que j'ai pour mon père, ma mère, ma sœur et, immanquablement, mes deux enfants. L'amour que j'ai pour eux, c'est une liaison forte.

L'amour que nous avons l'un pour l'autre, c'est un désir de communion. En fait, c'est la communion même. C'est l'expression de ce que nous sommes : des êtres qui cherchent et expriment l'union, car en fait, nous sommes déjà liés. Nous ne sommes pas un assemblage de différences, mais un tout dont la différence n'est qu'une illusion. L'amour de deux amoureux, celui d'un fils pour sa mère, d'un frère pour sa sœur, celui d'un ami envers un autre, tout cela, n'est-ce pas un moment de communion? Un instant de rapprochement entre deux êtres qui cherchent à recréer l'union initiale?

L'amour n'est pas toujours lucide, mais il nous plonge à tout le moins dans un rêve dont la réalité émerge. C'est d'abord l'amour que j'ai pour elle qui m'a convaincu de cela. Tout est déterminé. Tout est lié depuis toujours. Et même lorsqu'il y a séparation, ce n'est rien qu'un éloignement, jamais une rupture.

XV – MOI

Tu peux, à l'heure que tu veux, te retirer en toi-même. Nulle retraite n'est plus tranquille ni moins troublée pour l'homme que celle qu'il trouve en son âme – Marc Aurèle.

Lorsque l'on découvre que tout suit une ligne immuable, il y a comme cette sensation soudaine de voir le monde pris d'une inertie folle. Le mouvement prend toute la place et nous laisse pourtant solitaire. Rien ne s'arrête tandis que nous restons immobiles.

***

Ma première peine d'amour, ce n'était pas pour elle et ce n'était même pas la mienne, mais la leur.

J'étais jeune à l'époque. J'avais à peine onze ou douze ans. Le monde était parti en vrille et je ne me sentais plus inclus dans sa rotation. Il était encore tôt. J'arrivais à l'école et pourtant, je n'entendais plus les bruits des enfants autour de moi.

La veille, avant de m'endormir, mon père et ma mère s'étaient disputés. Ils avaient crié, ce qui n'était pas dans leur habitude, et ma mère avait pleuré, ce qu'elle cachait d'ordinaire beaucoup mieux. J'étais dans mon lit, dans la pièce à côté, et je ne dormais pas. J'écoutais attentivement leurs discours irascible et je pleurais moi aussi leur fracture imminente.

Après des flots de larmes versées sans bruit, j'étais sorti de ma chambre donnant sur la cuisine. Ils s'y trouvaient tous deux, encore aigris. Envahi par la tristesse, j'étais effrayé comme jamais de la survenue d'une situation que chaque enfant craint. Je me rappelle les avoir regardés avec une gravité inhabituelle et leur avoir demandé d'une voix brisée s'ils s'aimaient toujours. Ils avaient d'abord détourné le regard, puis mon père, hésitant, me dit qu'il désirait divorcer de ma mère. C'est à cet instant, pour la première fois de ma vie, que mon cœur et ma tête commencèrent à prendre de la distance l'un de l'autre.

Je pleurai longtemps cette nuit-là.

Le lendemain matin, à l'école, je ne pleurais plus. Je me sentais comme dans un rêve sans couleur. J'étais au cours de gymnastique. Je m'étais assis sur un coussin, près d'un cheval d'arçons. Je me sentais apathique, réflexif et désormais incapable de sortir de moi. Je voyais bien tout ce qui se passait autour ; des enfants de mon âge sautaient, couraient, dansaient, parlaient. Il m'était soudainement impossible de prendre part à quoi que ce soit. Je ne pouvais qu'observer une scène qui m'apparaissait empressée. Tout allait si vite et moi si lentement.

Et constamment, dès que je voulais y reprendre part, j'étais ramené à cette pensée omniprésente, paralysante, de mes parents et de leur désunion.

Puis les heures défilèrent, les jours passèrent. J'oubliai presque tout de cette sensation, mais mon cœur et ma tête restèrent, eux, empreints de division.

Et vint un jour où, à l'instar de mes parents, ils se déchirèrent complètement. Ma tête divorça de mon cœur sans qu'il n'y puisse rien. Mon âme se fissura et les années passèrent ainsi.

***

Jusqu'à aujourd'hui.

Au moment d'écrire ces lignes et de terminer cette histoire, aurais-je réussi à réconcilier les vertiges de ma tête et ceux de mon cœur?

Je ne sais pas, mais pour l'instant, une fois que tout cela a été dit et que cette histoire a été racontée, je sens mon esprit s'apaiser quelque peu. J'ai même cette impression de me replonger en cette âme qui pourtant n'est libre de rien, n'est faite de rien.

Elle n'existe peut-être pas, mais je m'y sens tranquille, car tant qu'elle est là, j'y suis et eux aussi.

FIN.

www.ingramcontent.com/pod-product-compliance
Lightning Source LLC
Chambersburg PA
CBHW020005050426
42450CB00005B/317